尼采格言集

林郁 主編

序文

　　德國當代詩人貝恩曾說：「我們這一代所討論的企圖
領悟的所有事情，實際上尼采早就說過了。他發現的是最
後的準則，其餘不過是對這些準則所做的解釋罷了。」

　　尼采（Nietzsche, Friedrich, 1844.10.15～1900.8.25），
十九世紀的德國哲學家。是當代最有影響的思想家之一。
出生於普魯士的一個牧師家庭。一八五八年就讀於德國有
名的普爾達寄宿學校。一八六四年入波昂大學學習神學和
古典語言學；次年放棄神學，轉入萊比錫大學。一八六九
年任（瑞士）巴塞爾大學古典語言學教授。

　　第一部著作是《悲劇的誕生》（一八七二）。他認
為，希臘人生來愛好韻律、自制、和諧，並將這些稱為
「阿波羅精神」。但是，他又認為，人們不應忽視酒神
「戴奧尼索斯精神」──即非理性的激情。只有駕馭了
它，才可能產生希臘文學藝術。悲劇起源於兩者的融合，
理性主義只能扼殺它。

尼采把叔本華的思想稱為「佛教徒的虛無意志」，並從其中解脫出來。從希臘悲劇中，他看到勇敢地對付生活中的恐懼，並肯定人生的美好事物，是完全可能的。

他發表了五本作品集。第一本出版於一八七八年，書名為《人性的，太人性的》，以此紀念伏爾泰逝世百週年。一八七九年，因病辭去巴塞爾大學教職，專事著述。

由於失戀，尼采感到孤獨與絕望，於是寫出了讖語式的格言著作《查拉圖斯特拉如是說》，試圖全面闡述其思想。前三部（一八八三～一八八四）根本沒有引起任何反應。第四部，尼采只私人印刷了四十本，後來在朋友之間散發了七本。

在《善惡之彼岸》（一八八六）和《道德系譜》（一八八七）中，尼采用通俗的散文形式解釋了他的思想。一八八八年發表《華格納事件》，涉及文化、墮落等問題。同年，丹麥文學批評家喬治‧布蘭代斯在哥本哈根大學舉辦尼采講座，首次公開介紹尼采的著作及其思想。

其後，尼采還寫了四部著作：

《偶像的黃昏》（一八八九）概述了他的哲學思想；

《反基督》（一八九五）專門批判基督教；

《瞧這個人》（一九○八）回顧了他自己的一生；

《尼采vs華格納》（一八九五）一書彙整了他早期著

作中有關華格納的所有章節。

　　一八八九年二月初，尼采摔倒在地，從此精神失常，一蹶不振。尼采的妹妹伊莉莎白整理出版了他最精彩的筆記《權力意志》（一九〇一）。這些筆記很有研究價值。

　　本書是從尼采的大量作品中精挑細選出富有哲理的精彩名言。尼采素有狂人之稱。他敢言人所不敢言的大氣魄，可說是典型的悲劇英雄；而日後這些話語，的確證明了他具有前瞻性的真知灼見。

　　今日我們讀來，仍深覺他的論述真是句句珠璣、針針見血，頗具如雷貫耳的警惕作用。最後套用他的一句話——凡是能吸入我著作中氣息的人，他就知道，這是高崗上的空氣，會使人精神煥發的！

引用原典簡語表

誕生	＝《悲劇的誕生》。
反時代的 I	＝《反時代的考察》第一篇（以下到第四篇都照此）。
人性的・上	＝《人性的、太人性的》第一卷。
人性的・下 I	＝同上，第二卷・第一部／〈種種的意見及箴言〉。
人性的・下 II	＝同上，第二卷・第二部／〈飄泊者與他的影子〉。
曙光	＝《曙光》。
知識	＝《歡悅的知識》。
查拉	＝《查拉圖斯特拉如是說》第一部（以下到第四部都照此）。
彼岸	＝《善惡的彼岸》。
系譜 I	＝《道德系譜》第一論文（以下到第三論文都照此）。
偶像・游擊	＝《偶像的黃昏・某反時代人物的游擊》。

反基督　　　　　　＝《對基督教的咒詛》。

瞧這個人・聰明　　＝《瞧這個人・我為什麼如此聰明》。

瞧這個人・伶俐　　＝同上，〈我為什麼如此伶俐〉。

瞧這個人・命運　　＝同上，〈我為什麼是這種命運〉。

權力　　　　　　　＝《權力意志》（八十年代的遺稿）。

CONTENTS

PART1

第一部
生存的哲理

或許這就是生命最迷人的地方。

用一塊鑲上金框的面紗遮蓋自己的臉龐，

面紗裏藏著承諾、反抗、謙恭、諷刺和誘惑——唉！

生命猶如一個善變的女人！

　　　　——知識　三三九節

在我心中，只有生命為我所愛！

——尤其是我最恨它的時候，也正是我最愛它的時候！

　　　　——查拉　II 舞曲

第一節

幸福中所必要的

幸福中所必要的，說起來實在很簡單！

不過是一個風笛所發出的聲音罷了……

一生中若沒有音樂，那將是一項嚴重的錯誤。

在德國，連神都在唱歌哪！

　　——偶像・箴言和箭　三三節

　　　　　　　　　　　我要創造所有美好的東西！

　　　　　　　　除此之外，我別無感謝的方法。

　　　　唯有這種方法，才能表達我對美好事物的鍾愛。

　　　　　　　　　　　　——華格納事件　一節

不必在意一日的長短——

只要你在這段時間內有著多采多姿的生活，

你將發現，有一個口袋可用於填裝它們。

　　——人性的　五二九節

最可喜的是能夠永遠且真正地活著。

但一般人即使得到「永生」，
也只不過是「活著」罷了，並未具有特別的意義！
——人性的　四〇八節

人類的生命，不能以時間長短來衡量，
心中充滿愛時，剎那即永恆！
——真的是不能以時間長短來加以衡量。

——查拉時代遺稿

要死得其所——查拉圖斯特拉如此教人。
事實上，那生不逢時的人，怎麼可能死得其時呢？
最好是別讓他出生！——我對多餘的人會如此相勸。
——查拉Ⅰ　自由而死

· 布隆夏／慈愛

一種安靜與靜觀——

請特別小心，勿使你的安靜與靜觀變成肉店前面的狗兒一般。
不要猶如狗兒一般，恐怖使你不敢前進，欲望使你不願後退。
同時，勿顯示出目瞪口呆的樣子。

——人性的‧下 II　四七節

生存是什麼？
生存是不斷地從我們身上排除任何會趨向死亡的東西。
生存是對即將就木的人、
可憐的人和年老的人毫不留情——
也就是一種持續的謀害。

——知識　二六節

體認一切存在之最大價值和最高享受的祕訣，
就是活在危險之中。
將你們的城市建築在維蘇威火山（Vesuvius）的山坡上，
將你的船駛入浩瀚無涯的海域！
與你的對手抗衡，甚至處於自我交戰的狀態！
若是不能成為統治者或主人，
不妨做一個掠奪者或征服者。
你若裹足不前，像膽怯的小鹿躲藏在森林中，
時光將彈指而過。

——知識　二八三節

最重要的操守——小不忍則亂大謀。

如果你今天沒有一件事是可以忍著不去做的，

那麼今天將是失敗的一天，而且很可能危及明天。

如果你希望成為一名支配者，這種操守是不可或缺的！

——人性的・下 II　三〇五節

每天的經歷——

你每天的經歷是由什麼構成的？

看看你經歷中的那些生活習慣——

它們是不是由無數懦弱與怠惰所產生的結果？

或是你的英勇與卓越理性的產物？

即使兩者有極顯著的不同，

這並不影響別人對你的賞賜，

或是你施予別人實際利益的價值。

但是，這種賞賜、利益、名聲，

或許可以滿足那些只求心安理得的人，

卻無法滿足你這「韁繩的試驗者」

（意即：有勇氣接受挑戰的人）、

有「良知自覺」的人！

——知識　三〇八節

你們所能體驗到的最偉大的事情是什麼？

那便是非凡的輕蔑。

是時，你們甚至會對自己的幸福感到厭惡。

理智與道德亦然！

——查拉・序　三節

你認為自己是自由的嗎？

我希望聽到的是你所擁有的思想，

而非你擺脫枷鎖的佳音。

「你從何處獲得自由？」

那與查拉圖斯特拉有什麼關係？

而你的眼睛已明白地告訴我，為何而求取自由！

—— 查拉 I　創造者之道

請相信我！

最重大的事，不是最喧譁的，而是最靜默的時刻。

這個世界不會繞著發明新噪音者旋轉，

而是繞著發明新價值者……默默地旋轉。

—— 查拉 II　大事件

第二節

不屈不撓的勇氣

不屈不撓的勇氣——

一個人如果未能對自己的工作感到不屈不撓，

那他絕不是一流的藝術家或科學家——

唯一的例外是，諷刺家也是思想家。

他在看過世界和歷史之後說：

「神就沒有這份勇氣！

祂想把所有的事物做得生動有趣，

而且他也的確做到了。」

——人性的・下Ⅰ　二五節

消化這件事，

於健康上，非有一種怠惰不可。

同一道理，想消化體驗，也必須如此。

——查拉時代遺稿

要嚐到深井泉水的滋味是很費時的。

他們必須等待很久，
才能獲知藏在地底深處的內涵是什麼！

——查拉 I　市場之蠅

四分之三的力量——
如果一位作者想寫出一本美好且健康的作品，
他必須切記：只須使出四分之三的力量就夠了。
相反地，作者使出全力所寫出的作品，
不僅會讓讀者感到興奮，
且會由於緊張而陷於不安。
所有美好的東西，
都多少有點懶散的特質，
好比一頭母牛徜徉在牧場中一樣。

——人性的·下 I　一〇七節

從容不迫——無法想像一個人生下來，
精神就已經成熟了。
當他完成作品之後，便像秋天黃昏的落葉墜落於地。
希望他不要因性急的渴望，
勉強地寫出他無法勝任的作品。
所有的創作都是罪惡的，
只會顯出作者的羨慕、嫉妒、野心！
對讀者而言，這些作品往往不如昔日的作品——
想成為卓越的作家，
唯有先成為比「生產性人類」更高一級的人。

——人性的·上　二〇一節

輿論——

是個人不加思索的盲從。

——人性的·上　四八二節

像麵包這種東西，可以中和並掩蓋其它食物的味道，
所以在費時頗長的餐宴上，非得有它不可。
一位藝術家如果沒有這種東西，
只是不眠不休地做下去，
他就會感到厭倦，並且產生反感。
其結果會使他無法像長時間的餐宴般持續下去。

——人性的·下 II　九八節

對於思想者和其他具有創作天才的人而言，
無聊是一種不愉快的「平靜」，
卻也是通往快樂之途的前導。
他必須忍受它，必須等待它可能帶來的影響——
這是缺乏此中熱情的人所無法體驗的！
想驅走無聊是十分平常的，
就像人們對一些毫無樂趣的工作早已司空見慣似的。
就這點而言，亞洲人在歐洲人之上，
因為他們較能做到沈著穩重。
就連麻醉劑對他們的作用，
都是緩慢而需要相當之耐心的。
這與作用突然而令人不愉快的歐洲人的烈酒大不相同！

——知識　四二節

世界瀰漫著焦躁不安的氣氛，

因為每個人都急於從自己的枷鎖中解放出來。

—— 反時代的 III 五節

正午——

一個歷經人間冷暖的靈魂處在人生的正午時，

無不企求能有一個極其安靜的環境——

四周一片寂靜，所有的聲音都遠遠離去，

太陽在正上方照耀著。

在肉眼無法見到的森林裡，牧神正在草地上安睡。

萬物與之共眠，牧神臉上流露出他那永不改變的表情——

至少它——這個靈魂——是這麼認為。

它不奢求什麼，也不思慮什麼。

它的心臟早已靜止，只有眼睛依然雪亮——

一個睜大眼睛的死人。

這個人看到很多東西。

在他眼中，所有東西都鑲在一面光亮的網裏，

彷彿埋葬在網子的深處。

他感覺到無比幸福，

且是他自己無法承受的那種太過奢侈的幸福。

長滿樹木的森林中，吹起了徐徐的涼風。

正午過去了，他又回到真實的生活當中，

回到毫無目的的生活當中。

伴隨著生活的有願望、欺騙、

遺忘、享樂、否定和無常等。

傍晚降臨，大地吹起了彷彿早晨的涼風，

一切活動也漸漸停息——

想跟世間輿論同一思想的人，

等於蒙蔽自己的眼睛，塞住自己的耳朵。

——反時代的 I　第二節

這個活動性很強的人開始想認知自己。

病痛和死亡逐漸逼近他。

然而，他一點也不恐懼。

——人性的・下 II　三〇八節

活躍者主要的缺點——

活躍者一般都只從事與自己毫無關係的工作。

我之所以這麼說，是基於其個人的立場而言。

即使他們是公務員、商人或學者，

他們的工作往往和特定的個人，

也就是他本人，毫不相干；

他們並未致力於本身的修養工作。

不論是在任何時代，就是今天也一樣，

我們可以將人類分為奴隸和自由人。

換句話說——

除非一天裏有三分之二的時間是屬於你個人所有，

否則不論你是政治家、商人或公務員，

都只不過是一名奴隸罷了！

——人性的・上 II　二三八節

現代人是快樂生活在三M當中的奴隸；

Moment（瞬間）、Meinungen（輿論）和Mode（流行）。

——反時代的III　六節

現代人的焦慮——

愈往西方走，現代人的焦慮愈趨嚴重。

是以，在美國人眼裡，

歐洲人都是喜歡寧靜並且有條不紊的。

事實上，歐洲人的生活猶如蜜蜂或蜂鳥般繁忙。

在繁忙的生活壓力下，

高等文化的果實猶如季節的轉換一般，

過於迅速，以致無法開花結果。

活躍者，也就是那群一直無法靜下來的人，

他們的高聲疾呼，並未能使情況穩定下來。

所以我說——

靜觀乃現代人最必要的修養。

——人性的‧上　二八五節

你們覺得粗活和一切新奇的東西都很可愛。

你們實在受夠了自己。

你們拚命地工作，卻只是自我逃避罷了！

如果你們能信仰生命，就不會自棄於一念之間了！

——查拉I　死亡的說教者

孤獨的人說，

他要將自己從世上那些疲倦、情緒不佳、無聊的工作中解放出來，
重返自然的懷抱。

——人性的‧下 II　二○○節

自己的意見——

當別人問及你所不熟知的事，

你們所說出的每一句話，

事實上不能算是你自己的意見。

這些只是你為了順應自己的階級、地位和個性，

所說出的一些外交辭令罷了！

「自己的意見」這種東西，

一般是不會輕易表達出來的。

把輿論當真的人，

就是那種把雙眼遮住又戴上耳塞的人。

——人性的‧上　五七一節

孤獨的人說，他要將自己從世上那些疲倦、
情緒不佳、無聊的工作中解放出來，
重返自然的懷抱。
殊不知那些建築完全封閉住內心之堡壘的人
往往是心靈的破壞者，
他將永遠無法享用湧自心靈的生命之泉。
——人性的‧下 II　二○○節

第三節

精神的三種變化

我將告訴你們有關精神的三種變化——

精神如何變成駱駝，駱駝又如何變成獅子，

最後獅子又如何變成兒童。

有很多重責大任要讓那些心懷崇敬、堅忍不拔的人負擔。

這些人以追尋重責大任，且是最重的大任，

表現出自己的精神。

「什麼是重責大任？」這個有擔當的精神問道。

然後，如同駱駝般屈下膝承受一切。

「英雄們，還有什麼重責大任嗎？」

這個有擔當的精神又問道：

「都讓我承擔吧！

也好讓我的力量能夠充分地發揮出來。」

唯謙卑足以克制高傲，唯大智若愚足以嘲弄智慧。

是否就是這樣？

或是要我們捨棄那已獲勝的主張，

登上高山之頂，去挑逗誘惑者？

〔馬太福音四章八節〕

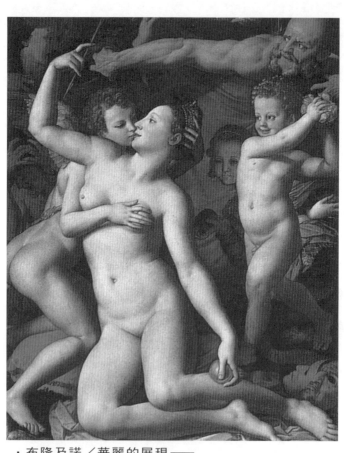

‧布隆及諾／華麗的展現──
維納斯、邱比特、時間與愚行

我已向你們闡明了

有關精神的三種變化——
精神如何變成駱駝，駱駝如何變成獅子，
最後獅子又如何變成兒童。
—— 查拉 I　三種變化

或者，只要是真理之水，儘管它污穢，也要縱身躍入？

無論是美麗的青蛙或醜陋的癩蛤蟆，我們都要包容不棄？

或是要愛那些輕蔑我們的人，

並和那些可怕的惡魔交手言歡？

有擔當的人自己承擔了這些重責大任，

面向自己的荒漠大步走去，

猶如一頭滿載重負的駱駝，急步邁向荒漠。

然而，就在這最荒涼的沙漠中，第二種變化發生了。

此時，精神變成了一頭獅子，

牠野心勃勃地想爭取自由，並成為荒漠中的主宰。

牠找尋最後的主人，

打算與這位主人以及最後的上帝為敵。

牠要與那頭巨龍鬥強並爭取勝利。

為何精神不再稱他為上帝？

那頭碩大無比的巨龍又是什麼？

「你應該……」是這頭巨龍的名字。

獅子的精神卻說：「我要……」

「你應該……」躺在獅子要走的道路中央，

牠是一頭金甲獸，

每一片鱗甲都綻放著「你應該……」的光芒。

千年來的價值都在這些鱗甲上發光。

因此，這頭至高無上的巨龍開口說道：

「萬物的價值都在我的身上照耀著。」

兄弟們，精神要獅子何用？

光是那頭滿懷敬畏，
且能任重道遠的駱駝不就已經足夠了嗎？
——查拉 I　三種變化

「一切價值都已創造，而所有的既成價值，就是我本身。

事實上，『我要——』是不容存在的！」巨龍如此說。

兄弟們，精神要獅子何用？

光是那頭滿懷敬畏，

且能任重道遠的駱駝不就已經足夠了嗎？

要創造新的價值，那是獅子也無法做到的。

但如果只是爭取創造的自由，獅子則可勝任。

獲得支配新價值的權利——

那是滿懷崇敬且忍辱負重的精神最艱鉅的任務。

事實上，這些對他而言，

無異是一種掠奪，一種弱肉強食的行為。

他曾一度摯愛那種神聖的「你應該……」

然而，

如今他不得不在這極神聖之物當中尋找荒謬與專橫，

以便自己能從這無意義的迷戀中獲得解脫。

為了掠奪，我們需要一頭猛獅。

但是，請告訴我，兄弟們！

這種連獅子也無法辦到的事，兒童又能做些什麼？

為何這頭具掠奪性的獅子非得變成兒童不可？

兒童天真無邪且善忘，是一個新的開始、

一個遊戲、一個自轉的輪子、

一個最原始的動作、一個神聖的肯定。

是的，兄弟們！

男人的成熟表現在於——

當他恢復童年的遊戲時那種認真的態度。

—— 彼岸　九四節

為了創造的遊戲，生命需要一個神聖的肯定——
此刻精神有了自己的意識，
流落到世界各個角落的人，
又得以回到「自己的」世界。

—— 查拉 I　三種變化

我們的心中有著各種不同的人格模式。
依據各種情況，
我們找出一個最恰當的模式加以應付。
一旦情況日趨惡化，
他才知道自己還有第二種人格，
甚至第三種人格。

—— 變革時代遺稿

你希望擁有一般人所謂的「公正眼光」嗎？
那麼你要多觀察別人，並學習前人的人格修養，
以激勵自己，並將這些修養表達出來。

—— 知識時代遺稿

抗議和無理取鬧的猜疑，

或有嘲弄癖好的人——是健康的。

那些無條件接受所有事物的人——是有病的。

——彼岸 一五四節

有些人被認為是「公正的天才」。

但我鄙視他們對於哲學、

政治或藝術的天才所下的膚淺評價。

他們打從心底厭惡那種被世人認為是

混淆視聽的判斷或見解，

否定所有違反自身之信念的見解；

他們試圖對不論生的或已死的事物、

現實或只是腦海中的思想、所有別人的思想，

做一個膚淺又自以為是的評估。

為此，他們必須對每一件事取得一番膚淺的認識。

所以，這些被譽為「公正的天才」，

便以最膚淺的眼光觀察事物最重要的本體，

以嚴格無比的觀察力評審事物的末端小節。

對於他們的敵人，更是以盲目、短視的「信念」，

施予無情的批評——這便是他們的真理。

——人性的・上 六三六節

我們對於那些無法開啟思潮的人，

就順其自然吧！

唯有在懷孕的時候，才是兩個心靈可以完全溝通的時候。

—— 查拉時代遺稿

從未擁有各種不同信念的人，

會被最初遇到的信念纏得無法分身。

他們對於任何事物，

心中只抱持一個自以為不變的真理——

他們便是當今文化界的代表者。

這些人是頑固、不明事理、自以為是、

無法開啟思潮、永遠被列為誹謗者的一群。

他們是為了讓別人認同他的看法，

不惜使出任何手段，目無法紀的一群。

正因為他們，才使得世人無法明瞭真正的——是非善惡。

—— 人性的‧上　六三二節

他們是缺乏科學精神的一群。

他們對於某一個問題，

只要找到一種假說就夠了。

找到之後，至死都對它堅信不移，

並自認為已解決了問題。

他們心中再也無法容納別人的意見，

往後更排斥別人的意見，且藉此堅定自己的信念。

這種情形在政治上尤為明顯，並已導致最壞的結果。

—— 人性的‧上　六三五節

為了擁有正確的思想，

熱情和熱中是必要的。

如此才能正確地觀察每一件事物。

而你們卻在別人不同的思想中掙扎，甚而迷失了自己！

——曙光　五三九節

所謂「問題」——

當你一個人觀察一件事時，

你的解決方法卻是——基於幾百隻眼睛，

從各種人格中發出對於某些事物的看法。

——知識時代遺稿

所謂自由人，

猶如一個由各式各樣的人所組成的國家或社會。

——知識時代遺稿

・阿巴得／被擄走的普若瑟比娜

或許很多人都認為：

信念是人類一項偉大的特性。

——權力 三八〇節

偉大的人物必然是一個懷疑者。

他們具有堅強的意志，

能自由地不去確認某些既定的信念。

若是他們需要某種信念，

他們並不管世人對此信念是肯定或否定，

只要那些沒有附帶條件的信念，

且不對證明其真假感到興趣。

堅信某種信念的人，

往往只是人群中的少數罷了。

所以說，「偉大的前題」在於「精神的自由」；

也就是對任何事物都採取不信任的態度。

——權力 九六三節

或許很多人都認為：

信念是人類一項偉大的特性。

事實上，

懷疑、超越道德、放棄世人之共同信仰的人才是偉大的！

就像荷馬、亞里斯多德、達文西、歌德等人一樣。

——權力 三八〇節

小心提防那些學者！

他們對你不懷好意，因為他們自己無法創造！

——查拉 IV・高等的人　九節

海德、萊布尼茲、歌德、俾斯麥——
這些代表德國特徵的人物，
他們衝破各種對立的學說，內心充滿柔順的堅強。
不論各種信念和主義，都被他們操縱於股掌之間。
他們本身在行動中保有充分的自由。

——權力　八八四節

小心提防那些學者！
他們對你不懷好意，因為他們自己無法創造！
在他們那冷漠乾枯的眼神中，每隻鳥都沒有羽毛。
那些人都自誇誠實不欺。
但是，「沒有能力說謊」和「愛好真理」是完全不同的。
千萬小心！從脫離昏迷狀態到清醒仍舊遙遠！
我不相信那些冷漠的心靈。
事實上，不會說謊的人也不懂得什麼才是真理。

——查拉 IV・高等的人　九節

並非柔弱的允許，而是強者的寬容。

他們不放棄與生俱有的平凡天性，
並懂得善加利用，以使自己有所長進。

——偶像・游擊　四九節

歌德筆下的人物是堅強、極有教養，

對於自己身邊的事情整理得有條不紊，

能夠自我抑制、敬畏自己的人；

是不奢求自己不應得的事物，

卻能致力於獲取他所應得的那種人。

並非柔弱的允許，而是強者的寬容。

他們不放棄與生俱有的平凡天性，

並懂得善加利用，以使自己有所長進。

他們不在意別人評論他們的品德。

除了克服自己柔弱的天性外，

這種人對任何事都不會有所禁忌……

可喜的是，

這種充分自由的精神都擁有值得信賴的宿命觀，

堪以承受任何打擊。

他們容許斥退單一事物，

對於全體事物或人卻依舊心懷慈悲，

打從心底肯定人類存在的價值。

他不再否定祂的存在——這種信仰才是最高等的。

——偶像・游擊　四九節

我們之所以會對當今被反擊的體制感興趣，
僅因為它涉及了人格。
而這也正是它之所以不為人接受的原因。
事實上，三句閒話便可塑造一個人的人格。
　　　　　　　　——悲劇時代的哲學

我認為，人類所具有的偉大天性，
是對命運的熱愛（ammor fati）。
無論未來、過去或永遠，都不應奢望改變任何事物。
他不但必須忍受一切事物的必然性，
並且沒有理由去隱瞞它——你必得愛這項真理……
——瞧這個人・聰明　一〇節

第四節

回復自我

自由的保證是什麼？
——是不再對自己感到羞恥。
——知識　二七五節

　　　　　　　　　　　「回復自我」
　　　　　　　　　　（引自希臘詩人品達的詩）
　　　　這個語詞通常只適用於某些少部分的人。
　　而且，對於這些少數人當中更少數的人而言，
　　　　　　　　　　這句話往往是多餘的。
　　　　　　　　　　　——人間的時代遺稿

你的良知在說什麼？

——「你要成為你自己。」

——知識　二七〇節

一個人如何成為他現在的情況——

要承認一個人成為他現在之情況的這個事實，

必須先假定他此刻的情形並沒有滲雜任何一絲懷疑。

從這個觀點來看，

一個人生命中所產生的差錯也有其獨特的價值。

換言之，縱使一生中有暫時的離失和偏誤，

縱使心神浪費在那些遠離中心目標的猶豫、

懦弱和虛偽的「謙遜」上，

也都有其獨一無二的意義和價值在裡面。

在那些錯誤裡，

極可能產生偉大的智慧，

甚至最高智慧。

如果所謂的「認識自己」——

即「理性」——是我們走向毀滅的原因，

那麼自棄、誤解、蔑視、心胸狹隘、庸俗，

往往就是理性本身。

整個意識的表面——

因為意識就是一個表面——

必須沒有任何重大的強制性。

更要當心發生在你四周的每一個顯著的行動！

「認識自己」的本能太快，

往往會陷自己於極端的危險當中。

而那具有組織力，掌握著至高權，

「認識自己」的本能太快，

往往會陷自己於極端的危險當中。

——瞧這個人・聰明　九節

不負自己使命的「意志」，

將從內心深處漸漸茁壯起來——

它將產生支配的作用，

慢慢地將你從離失和偏誤中引回正途。

它賦予一個人各種性格和能力，

而這些性格和能力，

有一天將成為你整個事業中不可或缺的助力——

在主要事業的「目標」、「目的」、「意義」

透露一點消息之前，

它會慢慢地培養一切有用的能力。

從這個角度去看，

我的一生真令人驚訝。

為了重新評估各種價值，

也許要有超乎常人的才能方堪勝任；

尤其是那些目前尚未互相矛盾、

尚無破壞性之對立的才能。

保持距離的能力；

不至於產生敵對的分隔技術；

不摻雜任何東西，

亦不調和任何東西；

種類繁多，卻能使其各司其位等——

所有這些乃是我與生俱來的本能，

且是我的本能長時期祕密的作用和技巧。

展望我自己的未來——

就像平靜的海面，
沒有任何希求能騷擾那完全的寧靜。

——瞧這個人・聰明　九節

它具有極嚴密的保衛力量，以至於無論何時，
對於我內心所成長的東西，我都得不到絲毫暗示——
直到我所有的能力在我不知不覺中臻於成熟，
且在某一天完全併發出來為止。
想不出自己曾經耗費心力於任何事物——
在我的生命中，沒有任何爭鬥的痕跡。
我是一個有著與英雄氣質完全相反之個性的人。
「意欲」某些東西、
「追求」某些事物，
心中存有「目的」或「欲望」——
這一切未曾在我過去的生命中發生過。
今天，我執筆的這一瞬間，展望我自己的未來——
就像平靜的海面，
沒有任何希求能騷擾那完全的寧靜。
我一點也不期望任何東西會不同於它現在的情況，
也不希望自己有所改變……

——瞧這個人・聰明　九節

你相信什麼？

——一切事物的價值都必須重新評估。

——知識 二六九節

新年的今天

——我依然活著，依然在思考。

我必須繼續活下去，

因為我必須繼續思考下去。

元旦的今天，

每個人都隨意地表達了他的願望和摯愛的構想。

當然，我也要衷心地提出對自己的期許，

以及今年初次浮現心中的一些構想。

這些構想將成為我未來生活的舞台、誓約及調味品。

我要像追求美一樣，

去理解一切事物不可或缺的特性，

並成為至善至美的事物之一。

如此，

我或許也會成為那群追求至善至美之人的其中一分子吧！

對命運之愛，將成為我日後愛的一部分！

我不想面對醜陋的戰爭，

也不想控訴什麼，

甚至也不去控訴控訴者。

總而言之，

我希望從現在開始，

不論何時，

我都是一個「自我肯定」的人！

——知識 二七六節

我時常問自己，

是否這一生當中，
最痛苦的歲月也正是最有使命感的時候！
——尼采VS華格納

我要告訴你們我內心的本性。

我之所以這麼說也是必然的。

以經濟的觀點而言，

你們在聽完這些話之後，

都將受益匪淺——

人如果心中沒有愛，

便承受不了巨大的痛苦……

「熱愛命運（Amor fati）」，

便是深藏在我內心深處的本性。

對於我的久病在床，與其說是健康欠佳，

不如說是尚有許多我不便開口的理由。

唉！我是多麼渴望健康啊！

儘管病魔至今尚未置我於死地，

病情也有逐日康復的趨勢，

事實上，我已被病魔擊倒了！

連我的哲學理論，

也是它的手下敗將……

就因為有無法承受的痛苦，

精神才得以獲得充分的解放。

這無法承受的痛苦，猶如我們燃燒生材時，

那般緩慢且持久。

宛如一位哲學家瀕臨末日的審判——

安穩的一夜、溫暖的一線陽光、

我不再信任別人了。

對我而言，人生只是一個解不開的結。
　　　　——尼采VS華格納

很容易就消化掉的一碗飯，

都令我無限感激。

躺在病床上，

人生的意義、生命的終局，

竟只是幻影等消極的思想無情地侵襲著我……

一個人經過漫長的痛苦和瀕臨死亡的自我支配與鍛鍊，

勢必會以一種新的形態出現。

他將對世界抱持著更多更深刻的疑問；

他的意志日益嚴酷，

另一方面卻愈來愈缺乏魄力。

此時他只能算是一名旁觀者罷了……

但我絕不能因此而意志消沈，

變成如貓頭鷹一樣的人！

我要重燃對生命之愛

——即使愛的方式將有所不同……

對生命之愛，那是指：

在對女性之愛中，

解開所有的疑惑之結……

　　——尼采VS華格納

你所能遇見的最大敵人乃是你自己。

你埋伏在山洞和森林中，隨時準備偷襲你自己。

—— 查拉I　創造者之路

弟子們，現在我要獨自走了！

我由衷地期望你們也各自離去吧！

離開我，但小心提防查拉圖斯特拉。

最好是為他感到羞恥！

說不定他欺騙了你們。

有學識的人不能只知愛他的敵人，

還要學著恨他的朋友！

如果一個人始終都為人弟子，

他將不可能真心感激他的老師。

所以，你們為什麼不摘下我頭上的花冠？

你們說，你們信從查拉圖斯特拉，

但這又與查拉圖斯特拉何干！

你們自稱是我的信徒，

這又與所有信徒有何關係？

不先自行深思，就先來找我。

所有的信徒都是這樣，

所以一切信仰也就不足取信。

現在，我要你們將我遺忘，去尋找自我。

等到有一天你們都摒棄我的時候，

我才會回到你們的身邊……

—— 查拉I　授予的道德　三節

你這個孤獨者所走的，

是追求自我的道路！
你應該隨時準備自焚於自己的烈焰中。
倘若你不先化為灰燼，如何能獲得新生！
—— 查拉 I　創造者之路

去測試那些最具生產性之人的生涯，

以及最富饒的民族，並反問自己——

「一棵驕傲地向天空生長的樹，

是否能免於暴風雨的侵襲？」

縱有外界的冷落與反對，

如果能形成一個具刺激性，

甚至於德行有利的環境，

那麼各種憎恨、嫉妒、頑固、懷疑、嚴酷、貪婪和暴力，

難道不屬於這個「有利」的環境？

毒藥能摧毀一個虛弱的心靈。

但對於強者而言，它是一劑強心劑——

強者可不把它當成毒藥呢！

—— 知識　十九節

‧電諾茲／尼麗‧厄布萊恩

朋友們，

在我們年輕的時候，

不知吃過多少苦。

青春對我們而言，

是一個痛苦且沈悶的時代。

這都是因為我們生不逢辰……

我們生於一個內部已經頹廢並且分崩離析的時代。

它不但對於弱者，

甚至對於一個強者而言，

都是一個無法承受的壓力。

這個時代的特性是——分裂。

這個時代再也沒有真實感了。

人們再也無法找到自信以立足於這個世界。

每個人皆能生活於「明天」，

然而這些人再也沒有明天。

我們走過的每一寸土地都充滿危險——

我們如履薄冰地走在這個世界之上。

路上，徐徐的暖風迎面而來——

我們走過這段路之後，

說不定再也無人可通行了。

——權力　五十七節

人生若不能從時代的枷鎖中解放，

活著也只是在呼吸而已，絲毫不具意義。

—— 反時代的 III　一節

想不同流合污，不沈溺於世界潮流中的人，

只要能放棄安逸的環境，便可以達成。

「成為你自己吧！你現在的所作所為，

一切思想、欲望，並非你的本性所需。」

只要能順從自己的良心，必有所獲。

你那青春的靈魂日夜為你的所作所為顫抖，

因為你的靈魂害怕自己在世紀大審判時，未能獲得幸福。

只要它一日不能從世俗低劣恐怖的枷鎖中獲得解放，

幸福即不可能降臨在那可憐的靈魂身上。

人生若不能從時代的枷鎖中解放，

活著也只是在呼吸而已，絲毫不具意義。

從沒有比那些不事修養自己靈魂，

卻四處遊蕩，找尋別人之缺點的人更令人討厭的生物了，

這些人終將為人所唾棄。

他們是內心已腐蝕得只剩下一層表皮的生物，

在寬鬆、裝飾華麗的表皮下空無一物。

更恐怖的是，其中說不定還有一個虛偽的靈魂。

　　……建設那跨越你自己生命之河的橋，非得自己動手不可。世上似乎有很多為你搭好的橋樑和捷徑，卻都是陷阱，不可不提防著啊！如果你誤陷其內，將永無翻身之日。在這個世界上，總有一條除了你以外，別人無法走的路。途中千萬別詢問路究竟通向何方，只顧走下去！

人類本是一種極端虛偽的動物。

如果說兔子有七層皮，
那麼，即使在人類身上剝完七十個七層的皮，
也不能說：「這便是真正的你，你再也沒有虛偽的表皮了。」
——反時代的 III　一節

是誰曾說過：「你絕不可能不知道自己走的路是往何處去。」

（歌德　箴言與反省）

人類本是一種極端虛偽的動物。

如果說兔子有七層皮，

那麼，即使在人類身上剝完七十個七層的皮，

也不能說：

「這便是真正的你，

你再也沒有虛偽的表皮了。」

以下將介紹一種方法

——隨著年輕的靈魂問道：

「至今為止，你最鍾愛的是什麼？

接受你那徬徨之靈魂的又是什麼？

充滿你的心靈，

讓你感到無比幸福的又是什麼？」

你若以真誠的靈魂回顧過去，

一定可以找出解答。

將你自己所尊敬的人物列出表來，

並回想自己為何尊敬他們，

從他們之中找出一項你認為

自己之所以尊敬他們的共通原則。

今後，你只要以此為準據，

教育本身便是解放，

就像一棵將成長為巨樹的嫩芽一樣。

——反時代的Ⅲ　一節

努力去實行便可以了。

如果稍有成就，不妨再從這些偶像之中，

選幾項你認為值得學習的善行加以補充，

最後你定可青出於藍。

然後再以他們作為你步向成功的墊腳石，

一步一步往上爬，最後你必然可以找到「自我」。

因為「自我」並非隱藏在你的內心深處，

而是在你無法想像的高處。

至少是在比你平日所認識的「自我」更高的層次之上。

能夠成為你自己本身的導師與典範的，

唯有發自你的天性。

唯有自己，才有資格成為自己的導師和內心的解放者。

從自己的靈性中獲得教養的真諦，

並不像殘廢的肉體裝設義肢、在扁平的鼻子內填膿，

或在視力不佳的眼睛前面架上眼鏡那麼簡單。

如果有師長以此為教育你的方針，

那他所謂的教育必是虛偽的。

教育本身便是解放，

就像一棵將成長為巨樹的嫩芽一樣。

你必須有勇氣去克服雜草、瓦礫與害蟲的侵襲，

才能獲得光與熱，以及那充滿愛的雨水的滋潤。

這一切一切的努力才是真正的教育。

——反時代的Ⅲ　一節

‧魯本斯／維納斯和阿多尼斯

最平靜的語言往往是狂飆的先聲；

靜悄悄而來的思想領導了這個世界。

——瞧這個人　前言

〈在我家戶口上〉

我一直居住於自身之家，

不管做什麼事，

從來不學他人的榜樣。

不過，對那些從來不嘲笑自身的房東。

我盡情地嘲笑他們。

〈進入新的海〉

我的意志一直朝向那兒——從今以後，

我要儘量信仰自己，任由自己的手去搖櫓。

海洋一望無際，展現出一大片碧藍色，

我的熱納亞（哥倫布的故鄉）之船不斷向前進。

在我眼裏，

一切都新鮮，

一切都嶄新得耀眼。

正午在時空上靜悄悄地安眠——

唯有你的眼睛，

炯炯有神地一直對我凝視，

噢……無限的柔情！

——摘自／福凱爾弗來王子之歌

第五節

不會脫皮的蛇即將死亡

不會脫皮的蛇即將死亡，

那些被強迫改變自身之意見的靈魂也終將無法避免死亡。

因為，一切靈魂終將滅亡。

——曙光　五七三節

人們改變自己的意見與常常改變服飾的天性一樣，

為的只是清潔罷了！

但是，對於另一種天性而言，

可以說是一種「虛榮」吧！

——人性的・下Ⅱ　三四六節

無選擇的求知衝動，猶如無選擇的性衝動一樣

——都是一種下賤的本能！

——初期遺稿・哲學家

在我們之間，

連那些最有勇氣的人，

也鮮有勇氣去認識真正的自己！

——偶像‧箴言和箭 二四節

迷失自己——當你發現自己的時候，

也就是迷失自己之時——這只是對那些思想家而言。

換句說，一個思想家如果一生只有一個自己，

那就未免太可憐了。

——人性的‧下 II 三〇六節

人和物——為何人類無法見到那些東西呢？

那是人自己阻礙了自己，

他把東西都給遮蓋起來了。

——曙光 四三八節

何時告別才好呢？——你對於自己想要認識的東西，

最好暫時與它告別吧！即使是短暫的片刻也好。

當你要離開一個城鎮時，

方知那些高塔都是聳立在那本來就高聳的屋頂上。

——人性的‧下 II 三〇七節

人類開始探索物之始源時，

他將變成螃蟹。
歷史家總習慣往後看，
而且只信任以往的事物。

——偶像‧箴言和箭　二四節

一些你以前最鍾愛且奉之為真理的東西，
現在卻被視為謬論，你將它們一腳踢開，
而自以為獲得理性上的勝利。
但是，當你靜下來變成另一個人時——
事實上，你常會變成另外一個人，
你或許依然需要那些謬論，
彷彿它們就代表了「真理」。
這些謬論彷彿人類的皮膚，
下面隱藏且遮蓋著許許多多你無法以肉眼見到的東西。
埋藏它們的並非你的理智，而是你的新生命。
你不再需要它們；它們破壞了自己的調合；
「無理性」像一條蛆蟲似地，
從它們之中爬到光亮處。
當我在批評時，它並不是獨斷或超個人的——
至少它證明了我們具有一股蓬勃的勁力，
並藉此衝勁去突破那虛偽的外殼。
我們要否定，我們必須有所否定。
因為，在我們身上還有一些東西想要肯定它自己——
而那些東西或許我們尚未見過，也不清楚。

——知識　三○七節

噢！

許多偉大的思想就和風箱沒有兩樣──
當其鼓漲時，心裡卻更空虛。
── 查拉 I　創造者之路

人們對於自己喜愛的東西，

當它像財產、名譽，乃至於生死般，

發生變故時，他對於自己所愛的人或事物，

其看法便會隨之改變。

我們若想成為一個真正的人，

那麼，我們所處的環境也未免太安適了些。

有些人是基於興趣，

有些人是因為無聊，

有些人則是習慣性地看它。

從未有人抱持著這種想法：

「認識它啊，否則我們將因而滅亡！」

我們的認識都太膚淺了。

當然，除非真理像利刃般切割我們的肉體，

否則我們的內心始終是在蔑視真理。

真理彷彿「長著羽毛的夢幻」，

有也好，沒有也罷，毫不被你重視──

為此，我們必得睜開雙眼，求取自己所自認的真理。

否則真理終將離你而去！

── 曙光　四六〇節

最平靜的話，

往往會引起最劇烈的狂風暴雨；
而左右世界的，
多半是信鴿所傳來的思想。
──查拉II　最寧靜的時刻

星星的道德（Moral）──
命運注定要在浩瀚無垠的太空，
星星和黑暗又有何關係？
越過這個時代，奔向幸福之地；
也讓憂愁掠過我們隨風而逝！
我們將高興見到遙遠的另一個世界，
同情對你而言將是一種罪惡，
你只有一個法則──那就是純潔！
最大的事件和最偉大的思想──
事實上，最偉大的思想便是最大的事件──
將最後為人所理解。
同時代的人無法理解這個思想──
他們只會從它的旁邊默默地走過。
這情形就像星際世界一樣。
那些離我們最遠的星球，其光亮將最遲抵達我們這裡。
有時甚至在那些光尚未抵達之前，
人類就擅自否定它，否定在那裡──還有星星的事實。
「要理解這項精神，還得經過多少世紀呢？」
無論是對精神，抑或對星星而言，這都是見仁見智的問題。
──彼岸　二八五節

· 荷佛／黑房

只有那些自己改變的人，

才配得上說已得到我的真傳。

—— 彼岸　終章

有一天，煤炭對鑽石說：

「你為何如此堅硬？難道我們不是近親嗎？」

為何如此柔弱？噢，兄弟們。

我如此詢問你們，你們——不是我的兄弟嗎？

為何如此柔弱、順從而退縮？

為何在你們心中有那麼多否定和自抑？

又為何在你們眼中，那麼缺乏命運的影子？

你們不願作為命運的化身和「無情者」，

將來怎能與我一起從事征服的工作？

你們的堅硬若不足以將一切割成碎片並發出火光，

將來如何與我一起從事創造的工作？

創造者本來就是強硬的。

你們應當覺得，

如果能將手如印在臘上般，印在千年的世代上，

乃是一種福祉——如鐫刻在銅上一般，

將文字刻在千年的意志上，不是一種福祉嗎？

——比銅更堅硬、更高貴。

只有最堅硬的東西才是最高貴的。

噢，兄弟們！

我將這個新匾懸在你們的頭上——「變得更強硬吧！」

——查拉Ⅲ　新舊之板　二九節

和怪物戰鬥的人，

小心，別讓自己也變成那個怪物！

探頭看那深淵時，自己也將被深淵所吞噬！

——彼岸 一四六節

兩個人之間最大的隔閡，

在於他們純潔的心靈無法相互溝通。

不妨抱持和他是同志的心情結識他。

當你無法和他溝通時——

告訴自己：「不要將他的臭味拿到鼻前來聞！」

純潔的最高本能，

便是將那些與你背道而馳的人當成聖人，

帶他們到奇幻、危險且孤立的境地。

因為人類精神化的最高境界——

除了神聖化，別無其它。

只要你能像沐浴時對自身之肉體坦誠相見似地，

把對方當成高貴的靈魂，

與他交往，那將再也不會有隔閡。

——彼岸 II 二七一節

和怪物戰鬥的人，

小心，別讓自己也變成那個怪物！

探頭看那深淵時，自己也將被深淵所吞噬！

——彼岸 一四六節

在這個世界上，

有許多臭不可聞的東西。
但這裡頭也隱藏著無限的智慧。
—— 查拉Ⅲ　新舊之板　十四節

在這個世界上有許多骯髒的東西，
但是，世界並不因此變成一個不乾淨的怪物！
若不想枯萎於人群之中，
就必須學習利用所有的杯子喝水；
誰若想在人群中保持清潔，
就必須懂得用髒水擦洗自己。
—— 查拉Ⅱ　聰明的人

厭惡本身可以創造出雙翼和尋求泉源的力量！
即使在最好的東西內部，
也難免會有許多令人厭惡的雜質。
因此，即使是最神聖的人，
也有其待克服的地方。
噢，兄弟們！
這句「在這個世界上有許多骯髒的東西」的話裡，
隱藏著很高的智慧呢！
—— 查拉Ⅲ　新舊之板　十四節

錯誤並不是盲目，

它是一種懦弱的行為……
在知識方面的任何征服、任何進步，
乃是勇氣的結果，且是自制和自淨的結果。

—— 瞧這個人·序　三節

啊！用你熾熱的槍矛，

融解我內心四周的寒冰，

使它不再顫抖——

操縱你之行為的，便是思想啊！

不管你怎麼稱呼它；

即使它隱藏在黑暗的角落，也是極可怕的東西！

—— 錄自〈亞里安德列的嘆息〉詩

一個靈魂能夠持有多少真理？

這些問題便是我原先的價值觀。

錯誤並不是盲目，

它是一種懦弱的行為……

在知識方面的任何征服、任何進步，

乃是勇氣的結果，且是自制和自淨的結果。

—— 瞧這個人·序　三節

有關讀書

對我而言，一般的閱讀是我用以復原的一種方法。

因此，它是構成那些使我逃避自己的東西的一部分；

它也是使我漫遊於新奇之科學和

新奇之心靈世界的東西的一部分——

它是我現在不再關心的東西的一部分。

在我埋首於工作時，

我的四周看不到書本；

我小心地不讓任何人在我面前談話甚至思考，

因為那就等於是在閱讀……

自我壁壘是精神飽滿最初的一種本能的謹慎。

要我容許一種不為我所知的思想爬過牆頭，

因為那正是閱讀所指的意義……

工作和創作時期之後，便是我的復原時期。

對我而言，

一些令人愉快、

聰明且充滿智慧的書籍便是我藉以復原的東西。

——瞧這個人·聰明 三節

必須不斷地聽取他人的自我

——這也就是所謂的讀書。

——瞧這個人　四節

有一些讀書的技巧是有待學習的，

而在今天，

這些東西已經逐漸為人淡忘了，

那便是反芻。

所以，如果你們真的想要閱讀我的著作，

必得花上一段不算短的時日才行。

為此，讀者必得像牛反芻一樣，

一再地閱讀！

那種「現代人」式的匆匆瞄過，

不能真正了解書中的真諦。

——系譜・序　八節

・荷德勒／白日

偉人的文章體裁

——產生在戰勝時代之洪流的怪物時。

——人性的・下 II 九六節

那些埋首於堆積如山的書籍中，

無所作為的學者，

最後終會完全失去為自己而思想的能力。

如果沒有書本在他手上，他就根本不能思想。

當學者思想的時候，對他而言，

那也是一種刺激的反應——有思想地讀。

而最後，他所做的一切都將只是一種無意義的反應。

學者把他的一切能力都放在肯定、

否定或批判那些早已被人寫出來的東西上

——他自己卻不再思想……

學者的自衛本能恐怕已完全消滅了，

否則怎會絲毫不排斥書本？

所以，我說學者是一個衰頹者

——他們要點燃火花——「思想」時，

恐怕就像那些必須借助別人的力量才能點燃的火柴了。

當一個人在力量正值充沛且方興未艾的時候，

在自己的生命力正處於黎明之時讀書——

就不能說他是在讀書。

——瞧這個人 八節

一個人把自己的學識告訴別人時，

他對那些學識的愛便不如往昔了。

——彼岸　一六〇節

我厭惡那不用心讀書的人。

再過一個世紀，

這些讀者——其精神亦將與草木同朽。

如果允許每個人都能讀書，

最後不僅會破壞寫作，

甚至會累及思想。

——查拉 I　讀書與寫作

在研究文獻學時，有一件事是必須要求的——

那便是迂迴、花時間、沈著、慢慢來。

這是一種為今人所忽略的技巧。

在今天這「繁忙的時代」

——亦即「急躁」的時代——

對於每件事都得找出「速成」的方法。

這真是一個令人汗流浹背的急躁時代……

然而，文獻學可不能急於一時。

我要你們仔細地讀；要慢慢地，

深入且前後仔細地閱讀、思考，直到霍然明白為止。

一定要用手寫、用眼睛仔細地讀才行……

——曙光・序　五節

常常談論自己的人，

往往只是為了隱藏自己。

——彼岸　一六九節

最差的讀者就像那些戰後到處掠奪民家的人。

他們從書中選出幾項他們所需要的，

對於其餘的，他們把它丟到一邊，

撕爛它，並以狠毒的話攻訐整本書。

——人性的·下 I　一三七節

注意語氣——

年輕作家往往都好表現，

喜歡提出標新立異的思想，

常會在文章中告訴讀者：

「知道嗎？只有我才是那顆寶石！

在我身邊的傢伙都是一些鉛塊，

是那種蒼白且無用的鉛塊罷了！」

文章裡一旦出現這種口氣，

那一頁……不！

那整本書必然皆是一些自以為是，

毫無可取的內容。

不論是任何話語或任何思想，

不應只侷限在那些

「他自己的朋友」之間傳誦。

這一點也適用於寫文章之時。

——人性的·下 II　一一一節

·法可內／浴女

人只能在不得不說時，

才可以開口說話，

而且只能說那些必須說的話，

其它的一定要閉口不談。

——人性的·下·序　一節

最後的沈默者——

他的眼神猶如尋寶者找到寶物一樣，

在一個偶然的機會裡，

發現了別人隱藏於靈魂深處的祕密。

從中，他獲悉了以往從未聆聽過的知識。

就某些事情而言，

他對於生者或死者認識得過於清楚。

他知道這兩者之間的祕密之後，

便保持沈默，不再言語；

即使別人問他，得到的也只是輕率的回答罷了——

我似乎可以想見，

為何那些著名的歷史學家會突然沈默下來。

——曙光　四五七節

從一個人的談話中，可以明瞭他的內涵。

因為，言語通常代表一個人心中的想法。

當一個人說盡他心中的每一句話時，

換來的卻常常只是無所謂的輕蔑罷了。

有智慧的人往往都緊閉著嘴唇，

那些平庸的凡人卻說個不停。

小心！別人會從你的言行中看扁你的。

——偶像·游擊　二六節

作家寫東西時，
不只是要讓人了解，
更要讓人無法了解。
無疑地，一本書的目的，
就是要讓人性思不得其解——
也許這就是作者真正的意圖——
作者並不期望他作品中的含意，
簡單到不用大腦就可理解。
一個高貴的靈魂，總是要審慎地選擇對象，
以傳達它的理想；
同時也樹立藩籬，
以隔絕「其他人」。
——知識　三八一節

第七節

關於戀愛與結婚

友情與結婚——

是最好的朋友，大概總可以娶到最好的妻子，

因為良好的交友手腕和結婚之間有著不可分割的關係。

——人性的・上　三七八節

有道理的無道理——

每當生命成熟到悟性生成時，

他會開始認為父親不該生下他來。

——人性的・上　三八六節

各式各樣的嘆息——

有些丈夫因為自己的妻子被人引誘而嘆息；

但大多數丈夫卻是因為沒有人引誘他的妻子而嘆息。

——人性的・上　三八八節

戀愛結婚——

是指將錯誤當作父親，
將不得已的必要當作母親。

——人性的上　三八九節

布諾德魯斯
（Proteus，希臘神話中的海神，具易容能力）的性格
——女性為了愛，
往往會設法將心目中的男性誤認為那種性格。

——人性的・上　四〇〇節

臉——就只有一張臉的女人，
除了臉之外，
她身上再也找不到絲毫內涵；
而那些明知她與魔鬼沒有兩樣，
且有著永無止境的欲望，
卻依然和她交往的男性，
也未免太可憐了。
但是，能夠滿足男性的願望，
給予男人最大刺激的，
又非這種女性莫屬。
男人為她尋找靈魂
——且一直尋找下去。

——人性的・上　四〇五節

‧魯德／馬賽曲

舞台一致的戲劇——

如果夫妻分居的人多，
將會有更多美滿的婚姻。

——人性的・上　三九三節

婚姻生活猶如一場長期的對話——
當你即將邁進婚姻生活時，
一定要先這樣反問自己——
「你是否能和這位女子在白頭偕老時，仍舊談笑風生？」
婚姻生活的其餘一切都是短暫的。
在一起的大部分時光，都是在對話中度過。

——人性的・上　四○六節

戀愛時，要當自己是近視眼——
要治癒一位陶醉在愛河中的男性，
往往只要給他一副深度眼鏡就夠了。
如果一個人能夠預見二十年後的情景，
他們的婚姻一般來說，是可以維持幸福的。

——人性的・上　四一三節

滿足，可以避免罹患疾病。
每一位只重視表面的女性，
可能正走向疾病之途——
我指的是那種只重視表面的浮華，
心靈卻空虛的女性而言。

——偶像・箴言和箭　二五節

男人創造了女人——

從何而創呢？
從他的神——他「理想」中的肋骨！
——偶像・箴言和箭　十三節

某些人，
戀愛的次數和性質，
早已達到精神所能控制的最高點了。

——彼岸　七五節

我所謂的結婚，
乃是指以兩個人的意志去創造一個凌駕他們之上的人；
我所謂的結婚，是指能互相尊重，
亦即具此意志者的互相尊重。

——查拉Ⅰ　孩子與婚姻

多數瞬間的愚行——你們管它叫戀愛。
於是，你們的婚姻在轉瞬之間就譜上休止符。
其實，那是一種長期的愚蠢行為。

——查拉Ⅰ　孩子與結婚

在一個人的心目中，
他只愛自己的孩子和工作。
偉大的自愛乃是孕育事物的預兆。

——查拉Ⅲ　意外的幸福

只愛一個人是一種野蠻的行為。

因為，其他人將因此被犧牲。

對上帝的愛也是這樣。

——彼岸 六七節

最危險的健忘——開始時，

他們忘記去愛別人；

最後，他在自己身上再也找不到值得去愛的地方了。

——曙光 四○一節

能夠承諾的東西——

行動可以承諾，感情則無法加以承諾。

畢竟感情這種東西太複雜了。

一個人如果向誰承諾要永遠愛他、永遠恨他，

或永遠對他忠實，

這明明是在虛應別人一項自己無法做到的事。

但是，如果另有別的企圖時，

表面上，他依然可以終生愛你、恨你和對你忠誠，

因為在同一種行動當中，可能包含著為數可觀的動機。

答應人要一輩子愛他，不只是愛，還得有愛的行動；

亦即縱使不再愛了，由於別的企圖，

說不定依然會同樣有愛的表現。

於是，在別人的腦海中，

這一份愛彷彿永遠不變。

換句話說，當有人指天發誓說他對你的愛此生不渝時，

他是在發誓說他永遠在表面上愛你。

——人性的・上 五八節

讓幸福閃光。

——畫家無法畫出現實中天空的那種深邃光亮的色調，

不得不把他畫景物所使用的色調

降得比自然的色調低一些；

通過這樣的技巧，

他重又達到光澤的逼真

以及與自然色調相應的那些色調的和諧。

同樣，無法表現幸福之光澤的詩人和哲學家，

也必須懂得補救；

他們應當把萬物的色彩表現得比實際的色彩暗淡一些，

使他們所掌握的光源近乎太陽，

肖似美滿幸福的光芒。

——悲觀主義者賦予萬物最黑暗最陰鬱的顏色，

使用的卻是火焰和閃電，

天國靈光和一切閃射強光、令人眩目的東西；

在他們那裡，光明的存在僅僅是為了增加恐怖，

使人感到事物比本來的樣子更可怕。

——曙光　五六一節

第八節

愛小孩子們
的世界

你們這些高等的人不都是——失敗者嗎？

要打起精神！失敗有什麼關係？

還有許多事大有可為啊！

學著嘲笑自己吧！

你們本就應該開懷暢笑。

你們這些功虧一簣的人啊！

失敗了又有什麼好疑惑的？

人類的未來，不是正在你們的身上掙扎與奮鬥嗎？

人類那最遙遠、最深邃，

如星星一樣最高、最巨大的力量——

不都是從你們的鍋中溢出來的嗎？

倘若許多的鍋都破裂了，那又有什麼好疑惑的？

學著嘲笑自己吧！

你們本來就應該開懷暢笑。

高等的人啊！

不少事仍然大有可為呢！

——查拉IV　高等的人

我們每一個人都應當超越自我！

我們都被很多屬於未來的枷鎖給限制住了。

——權力　六八七節

噢，兄弟們！我封你們為新貴族。

你們要做個未來的創造者、耕耘者和播種者——

真的，要成為一個無價的貴族！

因為所有一切有價的東西都值不了什麼。

讓你們的榮耀不在於「你們所來自之處」，

而在於「你們將要前往的地方」；

在於你們的意志，

以及不斷要求超越自己步伐的期許。

這才是你們的新榮耀！

噢，兄弟們！你們這些貴族絕不可眷顧以往，

而是要展望未來！

你們應當被放逐於所有的祖國與故土之外！

你們應該去愛孩子們的故土。

就讓這份愛成為你們新的高貴氣質吧！

這個在遙遠海中未被發現的地方，

我命令你們揚帆，

永不停歇地找到它！

你們應該為自己乃是祖先的子孫而向你們的孩子悔過！

你們必須這樣以挽回過去！

我將這個新律令放在你們的頭上。

——查拉Ⅲ　新舊之板　十二節

父親所隱諱的，

往往會從兒子身上流露出來！

我常從一個人的兒子身上，找到他本人不為人知的祕密。

—— 查拉 II　毒蜘蛛

雙親將繼續活下去——

雙親中那些性格不合的事實，

將會在兒子的性格中表露無遺，

且將成為他一生中無法抹滅的受難史。

——人性的・上　三七九節

・羅丹／沉思者

格調愈高者，

其成功的機會便愈少。

—— 查拉IV　高等的人

我們的萌發——

有許多東西在早期即存在於人性中。

由於是在萌芽時期，尚很微弱，

以致沒有人注意到它們的存在。

經過一段很長的時日，

才會突然綻放開來。

這也許需要長達數個世紀的光陰，

而那些東西也因此變得強壯又成熟。

對某些人而言，

似乎在某個時期會嚴重缺乏某種天賦或德性。

不過——讓我們耐心等待吧！

若是我們有時間等待，

就等到他們的孫子或曾孫那一輩吧！

總有一天，他們會將其祖父的思想或祖父本人

也未曾察覺的本性表現出來。

常常有些做兒子的會背叛自己的父親。

有趣的是，在有了兒子之後，

做父親的才能真正了解自己。

在我們的心靈深處，都隱藏著一座花園和耕地。

用另一種譬喻來說，

我們都是一座活火山，

終會有爆發的時刻。

—— 知識　九節

噢，我的兄弟們！

我之所以能愛人類，

正是為了他們的過渡性、他們的沒落。

我從你們身上，找到了摯愛和希望。

你們這些高等的人啊！

你們的輕蔑反而使我產生無窮的希望。

因為，一位非凡的輕蔑者，也是一位非凡的景仰者。

連你們的絕望也值得尊敬！

你們不但沒學到屈服，也未學到詭詐。

——查拉IX　高等的人

・庫爾貝／睡眠

偉大——是指引
他的正確方向

所謂偉大，便是指引他的一條正確方向——

碩大的河流並非原來就這麼偉大，

而是中途匯集了許多支流。

是以，越往前水量越大。

精神上的偉大也和這相彷。

最重要的是能夠讓那些支流具有回歸自己的向心力，

而且要讓他們不分天賦的聰愚，

都能信服於你自己。

——人性的‧上　五二一節

對於那些無法對自己誠實的「偉人」，

我一點也無法承認他們的偉大。

自欺的人，令我感到作嘔！

無論他們曾做了何種偉大的事業，

我給他們的評價還是零分。

——曙光時代遺稿

悲傷不屬於偉大的個性！

一個刻意修飾自身之個性的人是虛偽的……
小心所有裝模作樣的人。

——瞧這個人・聰明　十節

思想家的迂迴之路——

整個思想之路是嚴苛的，

絕沒有寬容的感情。

不但這樣，

一些平日嚴以待己的人，

這時候也不得不在各處忍辱，

以求能夠平穩地前進。

他們在同一個問題上，

好意地躊躇不前，

並猶豫地徘徊十次以上。

但是，他們仍得繼續踏上那充滿危機的路。

那是一彎曲折、暗流潛伏的潮水。

中途，他會設法隱藏自己而遊山玩水一番，

在島上、充滿樹木的洞窟或瀑布下，

作一首田園詩以解悶。

而潮流卻依舊無情地繼續前行，

衝破岩壁。

連最硬的岩壁也奈何不了它的前進。

——曙光　五三○節

偉大者如河流般迂迴而行──

迂迴而行，只為更接近目標。
這也是他們勇氣的最大發揮。
他們並不怕迂迴路上的危險。
──酒神頌歌‧斷章

歌德在思想上的錯誤──
歌德始終認為，
非徹底地研究個人能力的極限不可。
這種頑固偏狹的觀念竟出自一個偉大的藝術家口中，
真令人深感意外。
他曾兩度認為，
他的能力應該遠超乎他現在所擁有的
──這真是荒謬。
在前半生，
他想在文藝上創造一系列超越當代價值的作品──
這無疑地已讓讀者失望了；
後半生，
他自認為是世界上最偉大的科學家，
更是令人捧腹大笑。
他當時一定認為，
天生他就是要成為一位「造型藝術家」──
這種想法，一直存在他的心中，
猶如一項「不可告人」的祕密。
這就是為什麼他會匆匆忙忙地前往義大利的原因。
深思熟慮的他終於發現，
他必須摒除虛偽的幻想，
重返令他無法忍受的現實。
這種訣別時的感傷，

・安格爾／浴女

達到自身之理想境界的人，

依然會試圖更上一層樓。

——彼岸　七三節

可在他給達索（Torquato Tasso，16世紀的義大利詩人）
的評論中一目瞭然。

文中，歌德流露出他那比死更難過的感傷：

「一切都完了——與之訣別後，

我要如何使自己不致發狂地活下去呢？」

——活像一幕悲劇中的獨白似地。

歌德一生都誤信了這兩項不可爭的事實，

也因而他能寫出獨步當代的文學作品。

他那超現實的詩，

融合了造型和自然之美。

歌德超越了當時的風格。

他不但是一位職業作家，

更因為他那不願當一位德國人的心態，

寫出了德國有史以來唯一的文學作品。

——人性的・下　二二七節

達到自身之理想境界的人，

依然會試圖更上一層樓。

——彼岸　七三節

唯有傾向於偉人的那些人，
才能吸收到文化最清涼的甘露。
—— 反時代的 III　六節

德國人的力量越在嚴酷殘忍的環境下越能發揮出來。

處在那種情況下，

德國人將發揮出令人讚嘆的服從力。

他們無法想像，

利用溫和平靜的手段也可以發揮無窮的力量。

是以，他們會誤認為歌德所能發揮出的力量

遠大過貝多芬所帶給世人的影響力！

—— 曙光時代遺稿

歌德不但是對整個德國，

甚至對整個歐洲而言，

都不應是單一的突發事件，

而是一個唯美的文學作家——

但是，如果以公共利益的觀點而言，

他們恐怕會誤解他的為人。

在他們眼中，

根本無法找到絲毫有利可圖的線索。

但或許這正是他之所以偉大的原因吧……

—— 偶像・游擊　五〇節

所謂天才——

不過是在尋找更高的目標，
和前往那裡之手段的人。

　　　　——人性的・下 I　三七八節

創造——並不是指創造出任何新的東西，

而是那些自古已有、

已為人所知、

平日耳濡目染的東西，

發現這些「新的東西」的人便具有獨創的頭惱。

而那些發現真正新的東西的人，

卻被認為是一個幻想家——

一個滿街都是的傢伙。

　　——人性的・下 I　二〇〇節

雖然德國人至今仍沒沒無聞，

但終有一天他們會大放光芒。

今天他們依然沒有所謂的文化——

因為直到今天，

別人不曾施予他們任何文化——

他們至今一無所有。

然而，從另一個角度來看，

他們將擁有最多的東西。

如果問他們將何去何從，

我可以說，任何一個門都會為他們而開。

　　　　——權力　一〇八節

胸有城府的人

喜歡那些戴著假面具的凡人。
相反地,那些在神的四周的聖人往往令凡人引以為恥。

—— 彼岸　四〇節

我們常說:「凡是屬於德國人的東西,
就再也不是屬於德國人的了。」
——民情的不同,
並非我們眼睛所能見到的那種文化程度的不同。
這種差別只是一個事實的表面罷了。
所以,那些自認為是有關「國民性」的理論,
或提出「信念改造」的文化工作者,一點也沒有約束力。
他們應該把現今這種「什麼是德國人所有的」,
改成研究「現今德國人所需要的是什麼」才對——
如此,那些「好的」德國人
才不致放棄身為德國人的榮譽感,
從而樂意發揮德國人的長處。
一個民族的天性,在一個民族奮發圖強時,
可以作為民族前進的原動力。
但當一個民族處在停滯、萎縮的時期,
這些民族天性便會成為那個民族的枷鎖,
使這個民族永無翻身之日。
這個民族將會僵化一如化石,
而這些民族天性也就成為這個民族墓碑上的祭文了。
今天那些想要使德國人奮發的學者都以身為德國人為恥,
而向「非德國人」化邁進。
這便是這個民族的「偉人」特徵。

——人性的・下 I　三二三節

・吉哈東／普洛瑟比娜之擄

我見過那些只有 一個「專長」──

但已嫌太過的人，他們老覺得自己缺少一切。

　　──查拉 II　救濟

「平凡的假面具」──

平凡是靈魂最好的「假面具」。

因為當他在群眾之間，

根本不用刻意偽裝──

但為了自己，

他不得不戴上這個「假面具」；

同時，基於同情和親切，戴上它，

才不至於傷害那些平凡人的心。

　　──人性的・下 II　一七五節

薩伏那羅拉（Savonarola）、

盧梭、羅伯士比爾、

聖西蒙這群譁眾取寵的傢伙

已變成自由之強人的反面意識形態。

但是，這些有病之靈魂的堂皇姿態，

使得他們的概念如癲癇病患者似的，

對大眾產生了巨大的影響──

這些狂熱者活靈活現地，

使得人類寧可去看那些堂皇的姿態，

而不願去聽從理性的智慧之言。

　　──反基督　五四節

一種哲學思想的背後，

往往潛伏著另一種哲學思想；
每一種意見之下，都深埋著另一個問題；
每一句話的背後，總有另一句話。

──彼岸　二八九節

從隱居者的著述中，
我們往往把類似荒野中的迴響當成孤獨者的私語，
並以滿懷畏懼的眼神觀察四周。
他最有力量的話語，
他那高聲疾呼的言論，
響徹著包含某種危險的無言之沈默。
年復一年，不分晝夜，
和他自己的靈魂時而爭辯得面紅耳赤，
時而親切地私語。
在那個洞窟中──那可能是一座迷宮，
但說不定那是一座堆滿黃金的礦坑──
變成有穴的熊、尋寶的人、看守寶物的人或巨龍。
在這個人的觀念中，輝映著獨特曙光似的色彩。
由於長久的隱居，身上發出陣陣發霉的氣味，
彷彿故意吹起陣陣冷風，
好引起來者的不快似地。
這個隱居者──便是那種哲學家。
因為他們往往就是那類隱居者──
任誰也無法想像，
他們會把自己的意見寫在自己的著作中。
著作不就像是一位企圖隱藏自己的人寫成的？
──或者，這些隱居者往往在完成另一本著作之後，
內心中也更加上一層疑惑。

對哲學家而言，

在每一個洞窟背後，
不都有一個更深的洞窟嗎？

—— 彼岸　二八九節

一般而言，
古代文明對於「偉大的人」都深懷畏懼。
這情形從中國那句——
「偉人是世界的禍源」的諺語表現出來，
最為淋漓盡致。
這些偉人往往都生長在逆境之中，
而且通常是扭轉時代潮流的人！
而那些小人在偉人創造時勢時，
竟異想天開地企圖改變它！

—— 知識時代遺稿

而所謂「最後的疑惑」又在何處呢？
對哲學家而言，在每一個洞窟背後，
不都有一個更深的洞窟嗎？
這不已成了真理嗎？
在那裡，是否隱藏著一個更廣闊的未知世界？
在他引以為傲的著作下，
豈不是有一個更深的深淵？
這便是哲學家眼中的哲學——
這也是隱居者的定義。

—— 彼岸　二八九節

對那些具有天才的人，

如果在他們身上沒有這兩種東西，
就不足取了——
那便是「感激」和「純潔」。
——彼岸　七四節

事實上也的確如此，
有的人就只有一個大眼睛、大嘴巴或大肚子——
除了某一樣大得有點多餘之外，
便一無所有了。
我把他們通通稱作殘廢者。
當我走出獨居之處，初次經過這座橋樑，
我幾乎不敢相信自己的眼睛。
在一番凝視之後，我終於說：
「那是一隻耳朵，一隻如人般大的耳朵……」
我趨前更仔細地察看。
沒錯！在耳朵下面還有一樣纖弱的小東西。
真的，這龐然巨大的耳架，
乃是長在一根細小的莖幹上面——
而那個莖幹竟然是一個不折不扣的人。
如果有人用放大鏡仔細觀察，
便可以看到一張滿懷妒忌的小面孔，
還有一個傲慢的靈魂，在這莖幹上搖擺著。
不過，人們告訴我：
「這隻大耳朵不僅是一個人，
而且是一個偉人，一個天才！」
當人們以這樣的口氣批評一位天才時，
我是從來不會相信的。
——查拉 II　救濟

一種哲學思想的背後，

往往潛伏著另一種哲學思想；

—— 彼岸　二八九節

一種哲學思想的背後，

往往潛伏著另一種哲學思想；

每一種意見之下，都深埋著另一個問題；

每一句話的背後，總有另一句話。

—— 彼岸　二八九節

研究的因果如下——

喜好模倣的人，

會因研究中的刺激而從喜愛中理解，

唯有那些致力於創造作品的人，

才會真地去學習……

這就是歌德之所以能理解古代文學的理由——

他常以那些古人作為競爭時的精神支柱。

—— 初期論文・我們的文獻學者

第十節

未來的人生

以遠古人類的眼光看今天的人，

將會發現，現代人具有某種獨具的風格，

那便是——「歷史的感覺」。

這便是現代人所特有的美德，

也是現代人所患的一種病症。

就歷史而言，這是一種新奇的趨勢；

對我們而言，這幾乎不是什麼新的感情問題。

因為，歷史感依舊顯得如此貧乏與冷酷，

並且對一切施予無情的打擊。

對某些人而言，

他們的歷史感卻是即將來臨，

帶有老人徵候。

在這些人眼中，

我們的星球像是一個憂鬱的病人，

為了忘掉眼前的不適，

乃提筆寫下他過去的青春時光。

事實上，這便是另一種嶄新的情感。

乞丐——

是那種否定一切事物之價值的人。
那種做任何工作都要抱怨，
不做任何工作還是一樣會抱怨的人。

——曙光　一八五節

凡是知道如何將整個人類的歷史

當作其自身的歷史看待的人，

便可能感受到病人的痛苦、老人的懷舊、

情人的失去所愛、烈士的獻身許國，

以及英雄暮年時悲喜交織的心境。

而為了忍受這種種悲傷，

我們依舊得打起精神，

做個在戰鬥之後仍能向發明與喜悅歡呼的英雄——

彷彿我們就是世紀的分水嶺，

是過去一切知識和高貴之美德的繼承人；

同時也是新貴族階級的第一人。

這些都是我們所未曾夢想過的。

要毅然地承擔人類所有的得失，

必得將新舊、希望、征服和勝利放進一個心靈裡面——

並且蘊含在一種溫馨的感覺之中。

如此，便可以達到人類前所未有的幸福——

一種無上的愉悅，充滿了愛與力、淚和笑。

那種愉悅就像黃昏時的夕照，

不斷地將所有的感覺——

充實的、空虛的，都注入空茫的大海中！

這種神聖不可侵犯的感覺，

或許就可稱之為——人性。

——知識　三三七節

・布隆及諾／潘歇提琪畫像

所謂高貴的靈魂，

即是對自己抱持敬畏之心的存有。

—— 彼岸　二八七節

生命想用石柱和階梯築高自己，

好眺望迤邐的遠方和幸福的美景。

為了升高，必然需要階梯，

也就免不了階梯與攀登者之間變動差異的矛盾！

要提昇生命，且在提昇中超越自己的生命。

—— 查拉 II　毒蜘蛛

「高貴」是什麼？

「高貴」這個形容詞，

對於今日的我們，又有什麼特別的意義？

這個統御世上賤民的天空——日益變成不透明的鉛白色。

高貴的人又如何出現，如何為人所知呢？

證明他們的存在，並非由於他們的行為

——行為往往有著曖昧不明的定義，並不可信——

當然也不是因為他們的「職業」，

因為它只代表一個階段——

而應是以新的意識形態，解釋昔日的那種宗教「信仰」。

高貴存在那深具自信，

且自行追求高貴之靈魂的人身上，

並非庸俗的人所能求，也非庸俗的肉眼所能見，

更不是庸俗者所能否定。

—— 彼岸　二八七節

高貴的標識──

我無法想像要一個人去承擔所有人的義務。

不要存心放棄自己的責任；

更別妄想將它推卸給別人。

認識自己的特權，

將之歸納於義務的範圍裡行使。

　　──彼岸　二七二節

第十一節
所謂「哲學家」

哲學家的那些「奇怪的想法」，

經常遭受到外界的拳頭攻擊；

而他們對於外界這些無情的攻擊──

卻處之泰然，

彷彿那不過是鳥鳴般自然且無可避免。

他們的思潮，

猶如雷電交叉般澎湃洶湧！

他們是那種多愁善感，

對於任何小事都會咆哮、呻吟、憂傷、心碎，

相信命運的人。

哲學家──噢！

就是常常在自己心中隱居起來，

偶爾也害怕自己的人。

但是，由於他們那股強烈的好奇心，

使得他們奮力地追尋自己，重返「自我」。

　　──彼岸　二九二節

所謂「哲學家」，

就是那種專心一意體驗凡人所不能理解的事物，
且耳濡目染、聆聽、疑惑、希望、作夢的那群人。

——彼岸　二九二節

它彷彿挾帶了一腔怨憤，

深入懸崖峭壁中的每一個角落！

瘋狂地想佔有，

盤踞整個海岸！

莫非那裡藏著什麼極有價值的東西？

看！

它又慢慢地撤回了，

依然帶著興奮純白的水花——

但，它是否已經失望？

還是它找到了心中追尋的東西？

或只是故意做出失望的姿態？

然而，另一個浪潮已經接著過來，

比第一個還要急，還要野——

它的心靈中似乎一樣充滿了祕密和尋寶者的憧憬。

就是這個意志和美麗的憧憬，

才使浪潮生生不息——

而我們也隨之意氣風發、神采飛揚！

——知識　三一〇節

・矯飾主義／瓦薩利／波休斯和安卓米德

它彷彿挾帶了一腔怨憤，

深入懸崖峭壁中的每一個角落！
瘋狂地想佔有，盤踞整個海岸！
——知識　三一〇節

連康德都不配被譽為哲學家，

因為他缺乏為生活而活的那股衝勁，

且充其量不過是一個處在蛹中的人。

我之所以會如此刻薄地批評他不配被譽以哲學家之名，

是因為他根本不知道什麼才是哲學家——

哲學家不但是一位偉大的思想家，

更是一位「真實的人」。

對自己與事物之間，

提出各式各樣的概念或意見，

或是剽竊古人的文章據為己有的人，

絕不可能是那種「探索事物之始源的人」吧！

像這樣的人，

根本沒有「探索事物之始」的眼光。

而這些卻都是身為一位哲學家所必須具備的條件。

——反時代的 III　七節

意志的浪潮——

充滿欲望的浪潮——

滿心熱切地洶湧而來，懷著一個疑問，渴盼得到解答！

——知識　三一○節

哲學家本是指那些下命令的人，即立法者。

他們說：「我的話便是真理！」

世界由他們決定「何去何從？」和「為何？」

由他們那具有創造力的手腕開創未來。

不論現代或過去的事物，

巨細靡遺，都是他們的工具，

都是用以醫治世人行為的道具。

他們的「識」是「創造」的，

他們的創造也就成了立法；

他們對真理的意志

——即是對力量、權力的意志。

——彼岸　二一一節

「哲學家」是一種可怕的爆炸物，

誰出現在它的面前，都可能飽受威脅——

這是脫離康德（Immanuel Kant）的「反芻動物」，

其他哲學教授所為它下的定義。

包括康德在內的所有哲學家，

對它仍無正確的概念。

他們這群人的所作所為，

皆和哲學家之路背道而馳。

——瞧這個人・反時代的　三節

誰也不敢斷言這個知識的世界

不會在明日被思想家搞得天翻地覆。
—— 反時代的 III　八節

愛默生（Ralph Waldo Emerson）如此說——

「你一定要小心注意，

一旦那無所不能的神派遣一位思想家來到我們這個行星，

這個世界將瀕臨最大的危機。

就像在大都市裡引燃一場大火，

何處才是安全的地方？

火勢將在何處停止？

誰都沒有把握。

誰也不敢斷言這個知識的世界

不會在明日被思想家搞得天翻地覆。

昔日那些思想界的大師，

其地位都將搖搖欲墜，

他們將失去昔日那屹立不搖的名聲和地位。

我想，這個『文化的新機軸』

將把人類自古以來的努力完全推翻。」

既然這種思想會引起如此大的震撼，

何以我們未曾見到那些

站在講壇上的教書匠曾經如此風光？

道理極為明顯：這些傢伙的思想猶如樹上結了蘋果，

極其平易而自然，都是一些凡人就能領悟的學說。

他們的思想，一點也引不起人們的驚愕；

他們的思想絕對無法解開世人思想的枷鎖。

對於這些庸碌的傢伙，

希臘哲學家迪歐根尼斯（Diogenesho Sinope）

為他們下了一個最適當的定義——

「他們有哪一點值得我們尊敬呢？

他們研究哲學研究了那麼久，

卻還陷在五里霧中，迷失了自己的思想。」

事實上，

我真想為那些哲學家和哲學教授刻上墓誌銘，

寫著——

「我們都是迷失自己的人」。

當然，如果我真的這麼做，

不但真理的女神會拍手叫好，

連那街坊的老太婆都將同意我的話。

就像沒有一位男性會把真理的女神當作街坊的老太婆，

也沒有一個人會把那些

坐在那不該得到的寶座上的人當作哲學家！

——反時代的Ⅲ　八節

一位和歌德見過面的外交家，

曾說歌德對他們兩人的評語是——
「那是經歷過最大悲劇的人寫出來的！」
——反時代的Ⅲ　三節

某一位近代的英國人曾就一位非凡的人

在一個庸俗不堪的社會中所面臨的最危險的情形，

做了以下的描述——

「這種被凡人視為異類的人，

他的話一開始總是遭到世人的曲解。

他因此悶悶不樂，旋而致病，

最後終將抑鬱而終。

像雪萊（Percy Bysshe Shelley）

這種人就很難在英國這個國家活下去。

或許雪萊這種人本就不應該存在這個世界上。」

我們的海魯德琳和克萊斯勒這些人，

恐怕就是因為他們的非凡而不為世人所容，

因為他們無法忍受德國人庸俗的教養。

只有像貝多芬、歌德、蕭邦、

華格納等鍛鍊得異常堅強的人，

才能勉強地了解海魯德琳和克萊斯勒的哲學，

所以他們氣勢磅礡，聲音嘹亮。

一位和歌德見過面的外交家，

曾說歌德對他們兩人的評語是——

「那是經歷過最大悲劇的人寫出來的！」

（Volia, um homme, gui a eu de grands chagrins!）

他又說，他們是「撫慰人類心靈之創痛的人！」

（das ist auch einer, der sich, s hat sauer werden lassen!）

以上便是我國（德國）

「有教養的俗人」歌德——

這位最幸福的德國人對他們的評語。

——反時代的Ⅲ　三節

噢！發光者業已沈默了啊⋯⋯

許多太陽繞行著不毛之地，

以光和深夜交談——於我則相對無言。

——查拉Ⅱ

第十二節

走出第七個孤獨

走出第七個孤獨——有一天，流浪者關上身後的門，

靜靜地站了一會兒，然後低聲哭泣。

他說：「噢！欲望和衝動都趨向真實。

雖然不能以肉眼察見，卻是那麼確實！

它是多麼令我厭惡啊！

為何這個多愁善感的枷鎖要緊跟著我？

我想稍事休息，它卻不答應。

沒有什麼值得我多流連！

凡是我的阿米達（Armida，達索的《解放的耶路撒冷》

中登場的美麗女巫。

她引誘十字軍中最英俊雄偉的年輕人，

並將他束縛在巫術所幻化的花園中）的花園存在之處，

就會有新的離別之感傷！必須邁步向前行進，

直到筋疲力竭！我的內心驅策著我！

我只得對那些無法挽留我的最美麗的一切，

投去無情的一瞥——它再也無法挽留我了！」

——知識　三〇九節

世間——寂寞且寒冷，

幾千個沙漠之門！
你迷失了自己——
迷失了自己，再也尋不到原路。

——一八八四年秋

〈孤獨〉

烏鴉高鳴，振著翅膀飛往城鎮。
雪已不再下了——他們是否幸福？——故鄉人啊！

為何他屹立不動？
猛然回頭，啊！光陰的箭射過，已那麼久！
不妨當一位愚者，於寒冬之日從世間隱退！

世間——寂寞且寒冷，幾千個沙漠之門！
你迷失了自己——
迷失了自己，再也尋不到原路。

他依然望著天空站著，承受冬天飄泊的創傷；
依然望著冷漠的天空，立影猶如一縷輕煙。

鳥啊，飛吧！叫吧！沙漠和鳥兒為你唱和。
愚笨的人啊，退隱吧！
在愚蠢的心尚未凍結前退隱吧！

烏鴉繼續鳴叫！拍振著翅膀飛過城鎮。
雪已不再下了——
今天，故鄉的人啊！他們是否已淪於不幸？

——一八八四年秋

・費伊爾巴哈／伊菲珍尼亞

在我心中，
有一股愛的渴求，
正訴說著愛的言語。

—— 查拉 II

〈夜之歌〉

深夜，噴泉的聲音格外高昂，

我的內心猶如一股無休止的噴泉。

深夜，萬籟俱寂的片刻，

有人低吟戀曲，

而我的內心也是一首戀人之歌。

在我心中，有一股無以名狀的焦躁，

渴盼得到宣泄！

它始終得不到平靜，也無法平靜！

在我心中，有一股愛的渴求，

正訴說著愛的言語。

但願我能化作深夜——

然而我卻是光啊！圍繞我的，只有我的孤獨。

啊！但願我便是那黑暗與深夜的一切——

我要盡情地在光的胸懷，

如嬰兒般吸吮它的乳房！

你們這些閃爍的明星，天上的螢火蟲啊！

請接受我由衷的祝福吧！

但願我也能分享到你們所賜予的光明！

然而我生活在自己的光裡，

不斷地啜吸進自內心的火焰。

我完全不了解接受者的喜悅，

但我常夢想著偷竊——比接受更美好的祝福。

我的困窘在於我的雙手不停地忙著施予，

而我的嫉妒則是我常見到的那些——

期盼的眼神和憧憬的明夜。

啊！這全是施予者的悲哀！

我的太陽亦已黯然！

憧憬的渴望、飽足中的飢餓……

他們從我這裡取得了所需的一切！

然而，我是否已觸及他們的內心？

在取與予之間築起一道溝，

在最小的鴻溝間架起一座橋。

從我的豐富之美中生出一股飢渴，

我很想凌虐那些接受我的光明之人，

搶回我給予他們的禮物——

我是多麼想幹壞事啊！

每當我伸出一隻手，卻想縮回另一隻手。

猶如遲疑而不願宣泄的小瀑布，徘徊猶豫——

我是多麼想幹壞事啊！

我那充實富裕的心，

積極地想設計一種報復的行為！

人們的哀傷便是由我的孤獨所造成。

在施予中，我已失去往昔施予時的喜悅，

我的道德亦已失去自己的富裕。

經常施予的人，可能日漸木然而不知羞恥；

因為施予的緣故，他的手與心覆滿厚繭。
我已不再為那些乞求者的羞愧而垂淚，
也無法感覺到受施者手上的顫抖。
我那激動的眼淚和多愁善感的心都到哪裡去了？
啊！施予者的孤獨……
噢！發光者業已沈默了啊……
許多太陽繞行著不毛之地，以光和深夜交談
──於我則相對無言。
啊！這亦是光對於發光者的敵意，
它漠然地逕自繼續前去。
每天，太陽對於發光者都抱著偏頗的態度，
對於其它的太陽則極其冷淡。
──就是這樣，
太陽繼續繞行不已；
每個太陽都狂暴地循著自己的軌道前進！
那是它們的旅遊。
奉行自己鐵般的意識──
每個太陽冷酷無情的心。
啊！只有你們這群夜行者，才會向發光者取暖！
噢！也只有你們，
才會吸啜那發光的乳房一如啜飲醇酒。
啊！我被冰所圍繞，
我的雙手也凍得發燙！

雲離我是如此地近，

我等待著最初的閃電——

——查拉 II

噢，我的內心熱切地渴望著，渴望著——

能有你們的渴望！

已值深夜，我卻必須是光！又渴望著黑暗與孤獨！

已值深夜，我內心的渴望猶如噴泉般迸湧著！

——我渴望能盡吐心聲。

深夜，噴泉的聲音格外高昂，

而我的心也像一股洶湧的噴泉。

子夜，萬籟俱寂，美麗的戀曲低低傳來，

而我的內心也正是一首戀人之歌。

——查拉 II

〈松樹與閃電〉

我高大地成長著，超越人類這種動物。

我雖然喃喃自語，卻未曾得到任何回答。

太過孤芳自賞的成長

等待著，但我又能等待什麼？

雲離我是如此地近，

我等待著最初的閃電——

——查拉 II

所有偉大的東西，

總要在遠離市場與浮名的地方才會產生。

—— 查拉 I　市場之蠅

所有偉大的東西，

總要在遠離市場與浮名的地方才會產生。

因此，新價值的發明者也多半住在那裡。

我的朋友，躲入你的孤獨中吧！

別與那些小人和可憐蟲太過接近。

避開他們在暗地裡的報復吧！

他們一心想要向你報復呢！

千萬不要伸手去抵抗他們！

他們多得不可勝數，

而你並非只是一個蠅拍的角色。

—— 查拉 I　市場之蠅

我是否已觸及他們的內心？

在取與予之間築起一道溝，

在最小的鴻溝間架起一座橋。

—— 查拉 II

第十三節

從苦惱到愛

今天的人類——是未來人類的胎兒。

換句話說，

他們身上潛伏著形成未來人類之目標的力量。

對未來的規定愈多，

心中的苦惱必然隨之增加。

這便是苦惱之由來的最佳詮釋。

形成的力量也相互衝擊——

被千萬個個體將個別化的謊言給欺騙了。

事實上，一定有什麼東西在個體底下流動。

個體有自己獨特的思考能力，

是個體藉以達到最後的目標和整個追求之過程中

最大的驅策力。

個體為了爭取眾多個體的幸福，

以另一個角度而言，

是在破壞現階段整體間的協調之後，

再重建最大的協調力量。

——權力 六八六節

一個偉大的人

往往遭到排擠、壓抑，
甚至被人斥為嘩眾取寵而陷於孤獨之中。
—— 變革時代遺稿

痛苦中的智慧——
在痛苦中，不僅有喜悅，還有智慧的存在。
它和前者一樣，都是人類最佳的自衛本能。
若非如此，痛苦早就被去除了。
沒有人不認為它是有害的，
因為那正是它的本質。
在痛苦中，我聽到船長命令道：
「捲帆！」一個大膽的航海家，
必須知道如何在各種不同的水路上導航！
否則他不僅駛不遠，大洋也會把他吞沒。
同樣地，我們亦得學習如何在日常生活中控制精力。
一旦痛苦發出預先警戒的號令，
也就是到達應該減速的時候了——
因為某些危險或風暴即將來臨，
而我們要盡可能做好各項「防備工作」，
以避免遭受風險。
但是，有許多人在接近嚴重的痛苦之際，違反了命令。
於是，當暴風雨迎頭襲來，
他們的愉快不見了，也神氣不起來了。
事實上，痛苦本身已經充分給予他們寶貴的時刻，
奈何他們不能把握。
另有一些英雄好漢，
他們本身即是人類痛苦的製造者，

最大的痛苦乃是精神最後的解放者。

由於這種痛苦，
我們才得以了解事物最後且最深的真理。

——知識·序言　三節

這些少數人只需要和一般痛苦同樣的代用品即可——
而代用品並不能否定他們的偉大！
他們是保存和推動人類的一股極其重要的力量。
因為，他們反對驕矜造作和自以為是的安逸愉悅，
並且毫不掩飾對這種快樂的厭惡。

——知識　三一八節

當你對自己的任務中所賦予的權利感到懷疑，
當你正要愉快地從事某項任務，
卻往往發現，只有臥病在床，
方能圓滿地達成它時，
你一定會覺得非常不可思議，
甚至會感到恐懼！
精神上的快慰，
往往必須以肉體的創傷作為代價！
當你獲致別人所無法達到的成功時，
你將發現，這些代價是你昔日付出所有的健康換來的。
而今天，你竟毫無選擇地臥病在床……

——人性的·下·序言　四節

內心深受創傷的人，

都具有獵戶星座（希臘神話中的人物Orion）的微笑。
——權力　一〇四〇節

生病者應有的認識——
即使自己長期處在痛苦和恐懼之中，
也不要讓自己失去領悟靈性的能力。
讓自己在病痛中，也能體驗出一切事物的真理——
一般而言，當一個人從深谷的孤獨
和一切義務或習俗的束縛中突然解放出來，
將會頓悟更多真理。
對於那些長期處在重病之下的患者，
由於長期處於恐懼和世間冷暖之間，
他們以那種情況觀察外界的事物，
往往可以見到一般健康的人所無法見到的情形。
他的眼睛獨具慧眼，能看透事物；
所有能夠隱瞞凡人的魔法，都將在他面前化為烏有。
不！應該說是一切事物的真相
都將赤裸裸地呈現在他的眼前。
這不是危險中產生的幻覺，
而是一種從極大的痛苦當中產生的覺醒。
這是使他從病魔中解放出來的手段，
恐怕也是唯一的手段。
（基督教的開山始祖之所以
能在被釘於十字架時悟出真理，
恐怕也就是這種情形。
怎麼說呢？

在他的所有言辭中，有一句令人印象最為深刻的話，
那便是──「主啊！為何遺棄我？」
這是一個靈魂在受到極大的痛苦時，
頓時了解生命的真諦，摒除昔日對宗教的妄想。
他在最高的苦悶中，頓時睜開了他的慧眼。）
在極端痛苦中，一個靈魂為了承受這種痛苦，
將會發出新的生命光輝。
就是這股潛在的新生命力之發揮，
使人們遠離在極端痛苦時燃起的自殺念頭，
讓他得以繼續活下去。
他的心境有別於健康的人。
他鄙視世人所認同的價值觀，
從而發揮出昔日所未曾有過的最高貴的愛與情操。
這種心境是那些曾體驗過地獄烈焰般之痛苦的人所獨有。
對他們而言，人世間最大的痛苦，也能受之如飴。
他們的靈魂將以這股能耐，抵抗肉體的苦楚──
肉體的痛苦更能鍛鍊他的靈魂……
即使是暴君的嚴刑烤打，
也無法阻擋他們追求真理的決心，
無法令他們做出不利的證言。
他們甚至可以寬容地抵抗暴君──
那些未曾經歷生離死別之歷練的靈魂，
哪堪暴君所施予的苦痛！

‧漢特／克蘿迪歐和伊莎貝拉

於是他們輕易地產生厭世的思想。

悲觀論（Pessimism）之所以會深植於人們心中，

即是因人們無法承受痛苦時的煎熬，

從而引起一種心靈的痙攣。

此時將會日益緩和內心的創痛，

使之痊癒並燃起生命的火花——

這些靈魂在經過洗禮之後，

將視昔日的自己為「庸物」——

這個經歷過病痛的肉體將與靈魂結合為一。

日後，他將感謝自己曾在當時

承受如此巨大的痛苦而未曾屈服；

日後，再大的痛苦，他也都能甘之如飴。

對於那些未曾接受過痛苦之歷練的人，

除了追求個人的私欲之外，

必無法想像一個人能為非個人的利益而承擔義務。

他會說：「對不起！我無法這麼做。」

而我們會說：「他的靈魂有病，而且痙攣著。」

只因為一個靈魂是否經歷過大的痛苦，

竟然會有如此大的差別。

我們以比昔日更具生命欲望的慧眼，

再次回顧人類和大自然的關係。

你將更具靈性！

即使見到一枚樹葉墜地，

也可令你發出憂鬱的微笑——

從而再度體會出人性的另一種光輝。

如此，你亦可獲得那些曾罹患重症的人

所特有的領悟事物之真理的能力，

從而自恐懼的深淵中甦醒過來，

逃離世俗平庸的看法，對凡事將不再遷怒——

你將蛻變成另一個人，對世界更具愛心。

這就像是「聽一首動人的音樂，

無法不流淚」一樣……

——曙光　一一四節

傳說中的唐璜

（Don Juan，歐洲傳說中的一個風流人物），

並非只想和他所認識的每一位異性苟合。

他追尋的是磨練自己追求異性的技術，

充實自己的才能以獲取對方的智慧——

這種永無休止的欲望，

甚至能觸及遙在天際的星星——

這種欲望使他在世間已無可追求的東西——

除了他早已熟知的絕大痛苦。

這種對異性熟知的痛苦，迫使他不得不飲鴆止渴。

——曙光　三二七節

人類唯有生在愛中，

在愛的幻影掩蓋下，
才得以創造出新的事物。
──反時代的 II　七節

就因為惟有人類才有煩惱，
所以他們不得不發明「微笑」這種東西。
就因為人類是最不幸、最憂鬱的動物，
所以他們也是最快活的動物。
──權力　九一節

我的弟子們的類型（Type）──
我希望那些和我曾有任何關聯的人，
能有苦惱、寂寥、疾病、懷才不遇、受人屈辱的心境──
我希望他們能深深地輕視自己，
對自己施予不信任的呵責，
且有著被征服者只問耕耘，
不問收穫的肚量。
我絕不會去同情這些人，
因為當今能夠認定一個人存在的價值，
也就是我希望他們能夠擁有的美德，
即是──忍耐。
──權力　九一〇節

你們是否知道，

精神乃是生命的自我掙扎，

生命乃因自我的折磨而得以大步邁進？

—— 查拉 II 著名的賢人

你們要盡可能——

像昔日做牛做馬似地，

「盡可能」獻身於工作，

從中解除心裡的苦惱。

而我們呢？我們希望能有別於往日更多的苦惱！

你們所期待的那種安樂境界並不是我們的期望，

而是一種希望的結束！

安樂的境界將迫使人們對任何事都漠不關心——

而且陷於想說出「窮極無聊」的批評！

巨大悲劇的鍛鍊——

這種境界，難道你們無法體會嗎？

這種鍛鍊將使得人類生存的境界更上一層樓，

難道你們不明瞭？

為了強化靈魂而身陷不幸之境遇；

為期目擊偉大的破滅而引發靈魂的戰慄；

從種種悲慘的不幸當中，

致力於培養轉禍為福的勇氣，

而將自己懦弱的靈魂訓練得更具深度、

神祕感、虛偽、活力、狡獪與偉大——

所有以上的一切，

都得在苦難的境遇下，

才能訓練出如此高貴的靈魂。

—— 彼岸 二二五節

你們是否知道，

精神的喜悅是以猶如香油的淚水淨身，
且被視為神聖獻祭上的犧牲品？
—— 查拉 II　著名的賢人

人類比其牠動物更軟弱、
不安與無法捉摸——
人類是一種有趣的動物，
這又是為什麼呢？
無疑地，人類比其牠動物的總和都更具衝勁、反抗性，
更勇於向命運挑戰。
這些具有個人實現之欲望的人類，
必將與所有的動物、自然，
乃至天上的眾神為敵。
他們當中又有一小群不滿的人，
無法滿足於現狀；他們不受人類生存法則的拘束，
永遠追求未來的理想。
這些人，豈不更是這種勇敢而有病的動物當中，
罹患絕症的一群？
—— 系譜 III　十三節

藝術家的氣質是一種例外的狀態。
他們深深地體會到精神病痛的根源，
並與之緊密地結合在一起。
就因為這樣，藝術家要看起來沒有病，
似乎是不太可能的事。
—— 權力　八一一節

從人生的戰場中磨練出來——

倘若我未因此喪命，我將更為堅強。

——偶像‧箴言和箭　八節

追求深刻的感覺和美好的嘗試，

慣於向最富於理性的一面挑戰，

就如一道最適合教徒之口味的佳餚一般。

祝福每一個堅定、

勇敢而無畏的靈魂能以恬靜的眼神和堅定的腳步走完人生

的旅程；隨時準備迎接任何惡劣的打擊，

就如同接受一頓豐盛的饗宴。

對那尚未被人發現的世界和海洋，

能懷抱憧憬與希望；

去欣賞一場令人鼓舞的音樂，

猶如一位勇者、士兵或航海家在稍作休息，

舒展一下筋骨，則當最大的喜悅降臨時，

所有的悲傷和抑鬱也將一掃而空。

有誰不想擁有這份喜悅呢？

那是荷馬（Homer）的喜悅啊！

他為希臘人與自己創造了上帝與諸神——無可諱言，

這便是他自己毫無保留的心態——

如果一個人心中充滿這種荷馬的喜悅，

則他也將同時陷入世上最痛苦的深淵！

因為唯有付出這樣的代價，

才得以在受千古的浪濤沖襲的海岸上，

取得最寶貴的珍珠。

——知識　三〇二節

一個人擁有多少深刻的苦惱，

往往取決於他在社會上地位的高低。

—— 彼岸　二七○節

有一個古老的傳說——米達斯王

（King Midas，小亞細亞Burigia之王。

據古希臘神話，

他曾向能點物成金的酒神Dionysus祈願，

希望他自己也能擁有這種能力。）

在森林之中追逐酒神戴奧尼索斯的養父，

也就是森林、山野之神西雷耐斯（Silenos），

但總是抓不到他。

最後當西雷耐斯落入他的手中時，

這位國王問他：「人類最大的善是什麼？」

這位半人半神一句話也不說，只是站著不動。

一直到最後，由於受不了國王的催促，

他終於哄笑地道出：

「啊！可憐的朝生暮死的人類，

那命運的不幸產兒，

你們為什麼一定要我說出那些你們最好不要聽的話？

對你們而言，那最好的事是你們永遠無法達到的；

亦即根本不要出生，不要存在，歸於無物。

而次好的事則是——早一點死去。」

奧林匹斯諸神與這個普遍性智慧有什麼關係呢？

那是一種殉道者在受到嚴刑拷打之後

產生的幻象與其痛苦的關係啊！

現在，這不可思議的奧林匹斯山展開在我們眼前，

向我們展行著它的山麓。

希臘人深深地了解人生的恐怖和可憐。

為了能夠面對這種恐怖，

他們不得不把奧林匹斯諸神的顯明幻象擺在面前；

為了生活，希臘人必須創造這些神祇。

那麼，一個如此過度敏感、情緒緊張、易感痛苦的種族，

如何產生生命的活力，

並產生那代表人生之完美與圓滿，

得以繼續生存之價值的藝術？

然而，他們產生了奧林匹斯的世界。

這世界是反映希臘意志的一面變形鏡。

諸神自己過著人的生活，因而證明人生的正當性。

像一樁竟日工作的苦役一樣，

那最偉大的英雄也渴望來世。

這並非不對。在荷馬筆下，

人的「意志」是如此熱烈地希望留在這個世界上；

他是如此地與存在打成一片，

因而即使是他的悲嘆，

也將變成一首讚美的詩歌。

　　——誕生　三節

變得更為健康──

這對於像華格納那種性格的人而言，

是往後退了一步。

對於一個從未有不健康，

且足以應付這種「地獄之歡樂」的人而言，

世界一定是一個毫無怨言的地方。

　　──瞧這個人・伶俐　六節

哈姆雷特──深深地看到事物的真正本質。

他覺悟，卻不願採取行動。

因為他知道，他的任何行動，

都不能對事物的永恆狀況帶來任何改變。

同時，如果你說他應當把紛亂的狀態恢復正常，

他會把這種責難看成滑稽、可笑，

或貶低這種責難的價值。

了悟扼殺了活動！

因為要行動，就需要一種幻象的帳幕──

這便是哈姆雷特的智慧。

　　　　　　　──誕生　七節

世界的痛苦如是深刻——

而歡樂比那種痛苦更深刻。
痛苦說：「去吧！去吧！」
歡樂則要求永恆——希望能幽深地永遠存在！
　　　　——查拉Ⅲ　另一首舞曲

「採取行動的人沒有良心，也沒有知識。」
這話是歌德說的。
因為，他們將會為了實行某一個行動而摒棄其它真理。
為此，所有的行動者往往高估了此事真正的存在價值。
而最好的行動卻往往是在這些過剩的熱中中產生。
　——反時代的Ⅱ　一節

所有活著的人，
四周總需要一種特殊的氣氛、
一種神祕的雲霧。
「從未有過幻想的人，無法創造出事物。」
漢斯・沙克斯（紐倫堡的鞋匠，也是一位最偉大的詩人）
在《辛格勒先生》（華格納的歌劇）中如此說。
　　　　——反時代的Ⅱ　七節

第十四節

我不是普通人，
我是一顆炸彈

我知道自己的命運。

總有一天，

我的名字將和那些對可怕事物的回憶聯結在一起——

將會和那前所未有的危險、

最深刻的良心起衝突；

和那些一直被人們信仰、需要，

並視為神聖與崇敬的事物咒罵成一團。

我不是普通人，我是一顆炸彈——

儘管如此，在我的思想裡，

並沒有絲毫東西暗示我是某種宗教的開創者——

宗教是庸人的東西。

可是我不同！

當我與信教的人接觸以後，我總要洗手……

我不需要任何「信徒」；

我想，即使去信仰我自己，

我也會感到非常厭惡。

我從來不對群眾宣講什麼……

我就是一個戰士，

攻擊是我的本能。

──瞧這個人‧聰明 十節

我對於有一天別人會視我為「神聖的」感到畏懼。

這是為了免得別人冤枉我。

我可不願當一位聖人……

或許我本人就是一位聖人的化身。

但儘管如此，或者更明確地說──

儘管不是如此，

也從來沒有比聖人更虛偽的人了──

我即是真理的化身。

──不過，我所說的真理是可怕的！

因為到目前為止，謊言已被稱為真理。

對一切價值的重新評估，

即是我對人類最高的自我肯定。

我是第一個知恥的人類，

我的命運注定我將是第一個可敬的敵人，

注定了我將感到我是要與長久以後的虛偽對立……

我是第一個發現真理的人。

我是第一個由於發覺虛偽之虛偽而發現真理的人。

我嗅出它就是如此……

我的天才在我的鼻孔之間……

我是一個矛盾的人！

過去從未有人有過我這樣的矛盾。

然而，我絕不是一個消極的人。

我是報福音的使者。

一切現象、一切運動、一切成長，

都是一種和權勢脫離不了關係的歷程。
換句話說，那便是一種作戰。
——權力　五五二節

我認識那些前人從未想過的神聖任務。
由於我的存在，讓人類重燃生命的火焰。
因此，我必然是一個關心命運的人。
因為，當真理與長久以來的虛偽鬥爭時，
我們可以想像得到，
一定有許多震撼和地震，
以及高山狹谷的重新組合，
是我們到現在還沒有夢想過的經驗。
因此，「政治」這個概念
便整個被提昇到精神戰爭的領域中去了。
舊社會一切有力的制度都將被吹到太空——
因為它們都建築在虛偽上。
將來會有許多戰爭，而這類戰爭，
以往在這個世界上從來都無法想像得到。
一項規模宏大的政治活動將會從自我開始。
——瞧這個人‧命運　一節

戰爭是不可或缺的──

人類一旦忘記了戰爭，

眾多的（或者那時始出現眾多的）期望和夢想都將化為泡影。

──人性的・上　四七七節

一個人必須能夠成為別人的敵人──

但要成為敵人，也許先要具有強韌的天性；

且在任何情況下，

都必須和強韌的天性緊緊地結合在一起。

這種天性需要阻力，

因此侵略感必然屬於力量，

正如報復和怨恨感必然屬於衰弱一樣。

例如，女人易於懷恨。

她們的衰弱就包含了這種感情，

正如包含了她易於感受別人的不幸一樣。

侵略者的力量，是在某種方式之下，

決定於他所需的抵抗；一切力量的增加，

表現於對那不可輕視的對抗者或問題的尋求。

因為，一個具戰鬥性的哲學家甚至會向問題挑戰。

他們的任務並不是去懾服一般的對抗者，

而是去懾服那些我們必須集中力量、

才智和豪氣才足以對抗的人──

亦即可以成為我們敵手的那些對抗者。

成為敵人的對手──這是一場光榮決鬥的首要條件。

當一個人輕視另一個人的時候，

他就不能向這個人挑戰。

當一個人發號施令，

或輕視某些人事物不如他的時候，

那種在荒山野地餐風露宿的熱情，

或那種非源自個人之感情的深切憎惡、
沒有良心苛責的殺戮、有組織地從事集體屠殺的狂熱，
以及對至親的生死漠不關心的態度。

——人性的·上　四七七節

他就不應該向之提出挑戰。

我的戰略包含於四個原則當中：

第一、我只攻擊那些勝利的東西。

如果有必要，我會等待它們勝利時才採取攻擊。

第二、我攻擊那些孤立我的東西。

也就是那些使我必須孤軍奮鬥的東西，

和那些連累我的包袱……

我從未公然採取一個會連累我自己的步驟，

這正是我所謂正當行為的標準模式。

第三、我絕不做人身攻擊——

我只把人物當作一個有效的放大鏡，

藉此可以將那平凡卻捉摸不定，

難以接觸的醜惡看得更清楚。

第四、我只攻擊那些排除一切個人之差異的東西，

只攻擊那些其中缺乏不快經驗之背景的東西。

誠然，對我而言，攻擊是善意的證明。

同時，在某種情況之下，也是感激的明證。

我藉著它，表示我對一件東西的尊重；

我藉著它，使某種東西顯得與眾不同。

不論我是否把我的名字與一種制度或人的名字連在一起，

不論我對兩者是贊成或反對，

對我而言，一切都是相同的。

——瞧這個人·聰明　七節

愈慘烈的戰爭，

愈能讓人體會出震撼心靈的巨大痛苦。
這也是唯一能讓人體驗民族力量的偉大之由。
—— 人性的・上 四七七節

戰爭——那些反對戰爭的人，

是在愚弄勝利者，且陰險地對待戰敗者。

而那些擁護戰爭的人，

是企圖把兩者醜化得更野蠻，

並讓他們歸返於自然。

事實上，戰爭對文化而言，是一個睡眠期。

猶如文化冬眠的時刻，

它能讓人類的行為更美善或更可惡。

—— 人性的・上 四四四節

當然，這猶如河川氾濫般怒濤洶湧的戰爭，

也混雜著各種污物。

然而，這些都是肥沃的文化園地中不可或缺的東西。

雖然它一時會將文化破壞得蕩然無存，

但也藉此極端的破壞，

使得精神靈魂得以重建。

唯有那些曾歷經道德淪喪之戰爭的人，

才有資格談論文化的激情。

當帝國時代的羅馬人厭倦了戰爭，

他們以狩獵劍士的比賽或迫害基督徒，

獲得新的活力。

現在看似已經放棄戰爭的那些英國人，

為了恢復昔日那朝氣蓬勃的活力，

便從事那些充滿危險的探險旅行、

遠洋航行或登山等活動。

以科學的觀點而言，

這種參與極端冒險的活動之作為，

是恢復戰爭時期充滿活力之心境最好的方法。

人類一直設法尋找那些能替代戰爭的活動，

尤其是那些現今擁有最高文化，

卻最無活力的歐洲人。

為了讓自己的文化更具活力，

除了訴諸戰爭，且是最為慘烈的戰爭──

換句話說，即使一時恢復野蠻狀態，

代用品的追求已變得不可或缺。

而且，隨著代用品的出現，

我們更能體會出人類好戰的天性。

──人性的‧上　四七七節

PART2

第二部
思考的哲學

休息、優閒、等待、耐心——

所有這些，就等於是思維！

——瞧這個人　四節

對於一般人而言，思想家是不需要的。

他們只需要自己就夠了！

——人性的・下Ⅱ　二四九節

第一節
獻給不可知的神

在我往更前方行進之前，

在我睜眼瞭望遠方之前，

我又再度陷入寂寞之中。

我把我的手抬高，在我能飛往那處之前。

我在心底深處暗暗地想著，

要向祢獻出莊嚴的祭壇。

我永遠期待著，祢的聲音能夠再度呼喚我。

祭壇上面有精美的雕刻，

「獻給不可知的神」這句話綻放著異彩。

我──就屬於神。

即使我是屬於冒瀆祢的眾人之一，

我依然屬於神──我衷心相信。

不可知的神，祢一定知道，

祢永遠存在我的心中，像暴風雨般吹襲著我的生命！

真難捉摸的神，祢猶然對我如此親切！

我深知祢，否則，我但願被祢捉住。

──〈獻給不可知的神〉，作於一八六四年

有一個瘋子，大清早手持著提燈，

跑到菜市場，不斷地大喊：
「我在找上帝！我在找上帝！」
——知識　一二五節

瘋子——你是否曾聽過這麼一個故事：
有一個瘋子，大清早手持著提燈，
跑到菜市場，不斷地大喊：
「我在找上帝！我在找上帝！」
這名男子竭聲叫喊著——
恰巧，在那裡，很多人並不相信上帝，
這些話立即引來了哄堂大笑。
「這麼說，上帝是否已經失蹤？」
一個人問道。
「是否像小孩子一樣迷路了？」
另一個人接著問。
「祂是否在玩捉迷藏？」
「祂害怕我們嗎？」
「祂出海遠航了嗎？」
「出國了嗎？」——大家議論紛紛。
這瘋子突然闖進人群當中，睜大眼睛瞪著大家。
「我告訴你們上帝到哪裡去了吧！」
他大叫：「是我們將祂給扼殺了——你和我！
我們都是殺害上帝的兇手！
但我們如何犯下這案子？
我們又如何將海水吸乾？
是誰給我們海綿，將地平線拭去？
當我們把地球移離太陽照耀的距離之外，

難道我們不能使自身成為上帝，

就算只是感覺到值得試一試？
再也沒有比這件事更偉大的了——

——知識　一二五節

又該怎麼辦？

大地將移往何方？

我們又將移往何方？

要遠離整個太陽系嗎？

難道我不是在朝前後左右各個方向趕路？

當我通過無際的天空，會因此而迷失嗎？

難道沒有寬闊的空間可以讓我們呼吸與休息？

那兒不會更冷嗎？

是否黑夜永遠不會降臨而日益黯淡？

我們不必在清晨點亮提燈嗎？

難道我們沒有聽到那正在埋葬上帝的掘墳者吵嚷的聲音？

難道我們沒有嗅到上帝的腐臭？——

即使連上帝也會腐壞的！

「上帝死了！

上帝已經無法復活！

是我們殺了祂！

我們今後向誰告解？

我們這些兇手，

曾是這片大地上最神聖與萬能的祂，

如今已長眠在我們的刀口下！

有誰能清洗我們身上的血漬？

有什麼水能洗淨我們心靈上的創傷？

我們應該舉辦什麼樣的祭典和莊嚴的廟會？

難道這場面對我們而言，不會顯得太過隆重？
難道我們不能使自身成為上帝，
就算只是感覺到值得試一試？
再也沒有比這件事更偉大的了——
就因為這樣，我們的後人將生活
在一個前所未有的更高尚的歷史當中！」
說到此處，瘋子靜下來，
舉目望著四周的群眾。
群眾也寂然無聲，

．佩爾斯坦，菲力普／斜靠彎木情人椅上的模特兒

我還要告訴你們——

對於那些能使你更堅強、更具實力、
更具有豐富情感的事物,都要加以肯定。

——權力　五四節

並以訝異的眼神看著他。

最後,他將提燈擲在地上。

燈火熄滅。「我來得太早了!」

他接著說:「我來得不是時候!

這件大事恐怕尚在發展當中——

這件驚人的大事尚未傳到人們的耳中!

閃電和雷鳴需要時間,星光需要時間;

即使人們耳聞目睹之後,依然需要時間。

這件事比星辰距離人們還要遙遠——

這段距離是人們自己拉開的!」

根據傳說,這位瘋子在當天還跑遍了整個教堂,

並吟唱他的〈神的鎮魂曲〉(神永遠安眠)。

當有人問他緣由,他總是回答:

「如果這些教堂既非上帝的陵墓也不是墓碑,

那它們又是什麼?」

——知識　一二五節

靈魂的下水道——

為了洗滌人類那骯髒的靈魂，非要有下水道不可。
具有這種下水道功能的，對於那些高傲的偽君子而言——便是上帝。

——人性的・下　四六節

精益求精（Excelsior）——你不再祈禱，不再崇拜，

不再耽於對信仰無限的景仰——

你不願繼續忍受，

而在最高的智慧、德性與力量中遣散你的思想——

在你的七個寂寞之處，沒有永恆的守護者和朋友。

你離群索居而不向那滿頭白雪、心在燃燒的山再望一眼。

不再有向你報復的人，

也沒有為你做最後修改的人。

你不再有任何理性和愛，

你那疲倦的心靈不再有休息的場所。

你的藝術反對任何究極的靜寂，

你十分渴望戰爭與和平的循環不息——斷念的人啊！

你是否要捨棄這所有的一切？

誰會賦予你力量做這件事？

從來沒有人具備這種力量！

有朝一日，會有某個湖泊拒絕把水流出去，

而在水洩之處設置一個水閘。

如此一來，這湖中的水就會不斷地漲高。

同樣地，或許這種斷念也會充實我們的力量。

而靠著這股力量，能使斷念本身得到新生。

或許人類由此前進的基點也得以不斷提昇，

當他不再向上帝流淚的時候。

——知識　二八五節

我告訴你們——

要否定所有會讓你變得衰弱，
消耗你的意志的事物。
—— 權力 五四節

這些否定和肯定的東西，都是前人所未知。
人們所謂的道德、忘我、同情等，
這些卑賤的人認為最好的東西，
都將會消耗你那高超的人格。
無疑地，你們一定要加以否定。
我時常以心理學上消耗的觀點探討
「到底有多少消弭性的價值觀侵入我們的世界」
這個事實。
據我獲得的結果，的確出人意料。
我發現——所有人認為具有最高價值的判斷，
那些長久以來支配人類的價值觀，
確實是個相當大的打擊。
在神聖的稱號下，長久以來，
這些東西一直破壞我們純真的靈魂。
這些傳統的道德觀使我們變得更衰弱，
而且有傳染的傾向。
人人口中說自己是奉上帝之名……
但我發現，這往往是那些偽善者自我欺騙的最佳方式。
那些自命奉上帝之名的人，
對那些被人踐踏的弱者如是說：
「你們應該被消滅！」
這種自認為與生俱來的使命，
就是使人類墮落與腐敗的根源。

人人奉上帝之名……

奉那專門愚弄人類的「上帝」之名……

人類之所以墮落，並非由於道德的淪喪，

而是由於他們太無知了。

人類把那些消耗純潔之靈魂的東西奉為圭臬。

這種違反生理學的作法，

便是人類之所以墮落的根源……

人類對於「道德」的誤解未免太深了。

問題是受創的靈魂如何重建正確的價值觀呢？

換另一種問法便是——

人類為何一直讓那些走在時代末端的

廢物掌握他們行動的方向？

「人類」這種動物，

為何一直做出違反他們天性的行為？

——權力　五四節

第二節

人類是一條高懸 於深淵的繩索

人類是一條高懸於深淵的繩索，

要從一端越過另一端是危險的，

行走於其間是危險的，

回顧觀望是危險的，

戰慄和躊躇不前都是危險的。

人類之所以偉大，

正在於他是一座橋樑而非終點！

人類之所以可愛，

正在於他是一個跨越的過程而非完成！

——查拉‧序　四節

人和樹，原本都一樣。

他愈是想朝著光明的高處挺伸，

他的根就愈深入黑暗的地底——伸入惡中。

——查拉Ⅰ　山上的樹

畏懼偉大的超人是世人的通病，

也是世人之所以為普通人的原由。

——權力　一〇二八節

每當人們提起「人性」，

往往都把它從自然中分離出來。

殊不知，

「自然」與「人性」本是不可分的一體兩面。

人類最高貴的靈魂孕育於大自然。

唯有徹頭徹尾自白的人性才最值得推崇；

唯有孕育在豐饒土地上的人性才能感動所有靈魂。

——初期論文　荷馬的競技

文化的巨人——

率領眾人橫越冰河，前往綠油油的盆地。

他們率領眾人占領那擁有數條小河的牧場和山谷，

讓追隨的人生活得更幸福。

人類的歷史也是這樣。

人們以最殘暴的武力去破壞一切之後，

再以最祥和的良俗建立家園。

為了讓家人更幸福，

這股邪惡的破壞力不可或缺——

這些文化的巨人既是人性的建築物，

也是人性的開拓者。

——人性的·上　二四六節

・馬內／吹橫笛的少年

高高在上的人並不是普通人，

他們是一群超人。

一個人一旦為人所尊崇，他將陷於恐怖的深淵，

而不要求什麼——除了要別人聽他的話。

——權力 一八○二七節

在我們這個已開化的世界，

眾人只見到那些微不足道的小罪犯。

他們就只知道那些受世人詛咒、輕視，

連自己都無地自容的小罪犯。

殊不知，那些高高在上，

受人尊崇的人，

才是最壞的罪犯？

（即使他們不以罪犯，而以賢者的身分出現。）

也唯有靠這些偉大的罪犯，

文明的社會才得以欣欣向榮。

——權力 七三六節

猛獸與原始林並不會損及我們身體的健康，

反而會讓我們的身體更趨發達。

一旦人們為生活的困境而感到苦悶，

他的內心必早已委靡退化。

向人乞食的狗乃是昔日的猛獸退化而成；

那些頻頻向人卑躬屈膝的人，

不也就像那些低聲下氣，

向人乞食的動物嗎？

——價值變革時代遺稿

大地有一層皮膚，

這層皮膚有許多疾病，
其中一種就叫作「人」。

—— 查拉 II　大事件

犯罪者本是一群未受啟蒙的強者，

也因此為世人所詬病。

他們欠缺荒野的磨練。

對於強者而言，

不論他是處於攻勢（劍）或守勢（盾），

皆能發揮其本身的力量。

對於犯罪者而言，

自由是可貴的，

卻也是最缺乏的。

他們被「道德社會」所唾棄。

甚至連他們最可貴的衝動，

也早已和情緒中的猜疑、恐懼、恥辱等結合在一起了。

這些未受啟蒙的強者，

就生理而言，他們本身早已退化了。

如果一個人對於自己最擅長、最想做的事，

都得費盡思慮之後才去做，

那他在生理上已是一位貧血症患者。

由於自己拘泥守舊，將使自己一無所獲。

如果硬要說有，

恐怕也只有危險、迫害與災禍罷了——

這些本能是致命的，至少對他而言是如此。

社會——這個豢養我們、委靡且過了氣的社會。

在這裡，昔日習於在山中或海上冒險的人類必將退化，

你應該追求竹子的道德。

它長得愈高，就愈美麗而飄逸，
且內部愈堅實而強韌。

—— 查拉 II　偉人

同時必將成為犯罪者。

能夠不拘泥於社會的人，

方能成為強者。

像生於科西嘉的拿破崙便是一個很好的例子。

對於我現在所提的問題，

杜斯妥也夫斯基（《罪與罰》的作者）

之證言相當重要——

在此聲明，

這位杜斯妥也夫斯基也是我曾交往過的唯一的心理學家。

他引我去見一位讓我畢生受惠良多的斯湯達爾

（Standhal，《紅與黑》的作者），

這位擁有十倍資格，

足以輕視淺薄之德國人的法國作家。

他的作品中

描繪一群將永遠與社會隔離的西伯利亞重刑犯——

事實上，他們可能是全俄國人中最高貴的人，

他們的言行足以留芳青史。

我們試看一般犯罪者，

他們的行為無法為所屬的社會認同。

他們是一群價值觀無法和常人苟同的人——

在他們眼中，

我們正像那群我們所鄙視的印度賤民。

在他們所有的思想與社會中，

最醜惡的東西——

對那些雲遊過四方的人而言，
他們未曾見過比「人」更醜惡的東西了！
——人性的‧上　三二〇節

早已蒙上一層地下（惡）的色彩。

他們眼中的社會

總比生活在日光下的我們的社會來得灰暗。

可是別忘了，今天我們社會中存在的形式，

像科學家、藝術家、天才、自由人士、

演員、商人、大發明家等，

有一半是呼吸那墳場中的空氣而生存……

所有精神上的革新者，在他們活著的時候，

其言論似乎都令人無法接受。

但在往後的某一段時期，

有可能被世人奉為圭臬。

在光榮來臨之前，

他們所存活著的間隙是相當可怕的。

所有的天才也都像

《卡迪里那（羅馬的陰謀者）的存在》

中所描述的，

感情中充滿著對世人的憎惡與復仇的叛逆情操。

卡迪里那——就是凱撒的化身。

　——偶像‧游擊　四十五節

我來教你們成為超人。

人是應該被超越的——

你是否曾努力去超越人類本身？

迄今，一切物種均已超出自己之上。

難道你們願做巨流中的退潮，

寧可返回獸類而不肯超越人類？

猿猴之於人算是什麼呢？

一個可笑的族系，或是一件恥辱？

人之於超人又何嘗不是如此？

你們走完了由蟲至人的漫長旅程，

但是，就許多方面而言，你們依然是蟲。

以前你們是猿猴，

現在，你們卻比猿猴更像猿猴。

即使你們之中最聰明者，

也只不過是一種植物與鬼怪的矛盾混合體。

然而，我可曾要你們變成植物或鬼怪？

瞧！我現在就教你們如何成為超人。

超人便是大地的意思。

讓你們的意志說：

「超人必定代表大地的意思吧！」

兄弟們，我祈求你們務必忠實於大地，

而不要輕信那些誇言超越大地之希望的人！

不論他們是有心或者無意，總之皆是有害的。

他們是一群棄絕生命的人，

自己早已中毒極深，無藥可救；

大地也著實厭惡他們。就隨他們去吧！

在往昔，褻瀆上帝是一種大不敬的行為。

然而，上帝既已死亡，

因此也就無所謂褻瀆上帝者了。

現在，最可怕的罪惡便是褻瀆大地，

是視「不可知之人心」的意義遠超過大地！

往昔靈魂十分鄙視肉體，

而這種鄙視在當時被認為是一件極高尚的行為——

靈魂希望肉體瘦弱、蒼白而飢渴。

它認為，能如此，便可以逃避肉體與大地。

啊！這靈魂本身卻是那麼瘦弱、蒼白而飢渴！

同時，冷酷也成了它的嗜好！

但是，兄弟們，請告訴我，

你們的肉體對你們的靈魂又做何表示？

是否你們的靈魂並非貧乏、無知地自滿於污穢？

的確，人是一條不潔的河。

我們必須成為大海，

方能包容一條不潔的河而不致被污染。

現在，我告訴你們，什麼是超人！

他就是那大海，能覆蓋你們一切的輕蔑與鄙視。

——查拉·序　三節

蘇格拉底就其天性而言，

是屬於最下層的人。

蘇格拉底本是一位賤民。

——偶像・蘇格拉底的問題　三節

至於他是一位如何醜惡的人，

乃是眾人皆知，且是至今我們仍可想像得到的。

可是，他的醜陋雖然連自己都感到羞恥，

希臘卻完完全全否定他醜陋的事實。

到底蘇格拉底是不是一個希臘人呢？

醜陋是隨著混血而日益加深的。

人類由於長久以來部族間血統的混同，

人性也就更加醜陋了。

另一方面，隨著人性的更加醜陋，

人的長相也就不堪入目了。

根據那些刑事專家中的人類學家的說法，

典型的犯人，其相貌必定相當醜陋——

「不論是就外貌或精神而言，都是怪物。」

犯人必定是具有以上之特徵的人。

蘇格拉底是不是一位典型的犯人呢？

至少，有一位人相家所下的判斷，

並不與以上的話相矛盾。

那就是蘇格拉底的一位對人相學有相當研究的外國朋友。

當他前往雅典時，曾當面對蘇格拉底這位哲學家說，

他是一位「怪物」——

亦即內心必然隱藏世間所有的惡德與欲望。

於是，蘇格拉底說：「你真是無法了解我！」

——偶像・蘇格拉底的問題　三節

最輕蔑人類的人，

即是人類最大的恩人。
——查拉時代遺稿

你們的精神輕信人言，而鄙視大地的一切。

但你們的內臟並不如此，

它們是你們身體中最堅強的部分！

現在你們必得鼓起你們的勇氣，

去相信你們自己的內臟！

凡是不相信自己的人，必是那虛偽的人。

——查拉 II　無瑕疵的概念

於此，我不禁歎息，有好長的日子，

我染上了比最可怕的憂鬱還要可怕的情感——蔑視人類。

我輕視什麼呢？

毫無疑問，是今天的人，與我同時代的人。

今天的人——我對他們不潔的氣息感到過敏。

——反基督　三八節

生活的收穫
是生活

體驗與創作——

我們所謂的意識是無法讓人明瞭的。

或許可以說，

是不願讓別人了解的。

可是，當我們閱讀自認為可以了解的原文時，

多少也都會加入自己幻想的詮釋。

於是我得詳細地將自己的意見寫下來……

到底我們的體驗又是什麼？

與其說是本來已有的內涵，

不如說是我們自己所加入的詮釋吧！

或許我們可以說，

是自己想明瞭「這裡面還缺少什麼？」

不是嗎？

體驗不就是一種創作嗎？

——曙光 一一九節

生活的收穫是生活——

人類如何從認識自己當中讓自己成長，
如何客觀地了解自己？
——我想，唯有從他自己的傳記中了解。

——人性的·上　五一三節

書本往往具有獨立的人格——
不論是哪一位作者，
每當書本脫手之後，
書本本身也脫離了他的生活。
他每每會為昔日的著作感到驚訝。
就好比是從一隻昆蟲上切除了一部分肢體，
而作者眼見自己肢體的一部分離自己而去似的。
或許他早已將自己的著作給忘得一乾二淨了。
他早已否定自己昔日的意見，
到達更高的層次了，
或是早已忘了昔日曾有過如此的著作。
他早已遺忘了昔日翱翔於天際的翅膀了。
而脫離作者後的這本書，
將靠自己的力量去尋求讀者。
自己點燃生命的火花，
沈醉於自滿的喜悅當中，
或深陷於恐懼當中。
而作者本人卻企圖再寫出
與以前完全不同風格的作品——
外表看起來，
作者的精神與靈魂依然存在。
然而，他埋首於著作時，
早已脫離人類的境界了。

凡是有骨氣的人，

必有旁人所未曾經歷過的典型體驗。

——彼岸　七十節

——垂老之後，

如果他想在自己的作品當中注入新的生命力，

往更高的境界啟蒙無知大眾的思想，

即使他已步入風燭殘年，

他仍是一位最幸運的作家。

——不只書本，

人類的任何行為都和世界脫離不了關係。

事實上，世界上的任何小波動，

都將影響這本書現存的價值。

而這個世界事實上是「不死」、

「永恒」且「恒動」的。

在恒動的世界中，

書本猶如鑲入琥珀石中的昆蟲，

將永遠給保存下來。

——人性的‧上　二八〇節

基督教

曾經騙取我們古代的文化收穫。

——反基督　六十節

我們是否能滿足於現有的自己，

並非今天所要追求的主題。

而我們為了什麼事感到自滿，

卻是生存於世的重點所在。

當我們在某一瞬間脫口說出「善哉」時，

我們並非只是對自己，

而是對所有的事物都感到「滿意」。

不論是我們或任何事物，

都不可能是單獨存在的。

有一天，

一旦我們對於能喚醒靈魂的思想感到滿意而共鳴，

並脫口說出「好」——

在這一瞬間，我們將因而得救。

如果我們能夠永遠地感到「滿意」，

那和聖者又有何不同？

——權力　一○三二節

萬物去了又來，

存在之輪永遠運轉；
花兒謝了又開，存在之時光總是在走。

——查拉 III　病癒的人

最沈重的負荷——
假如有個惡魔在你十分孤獨寂寞的夜晚闖入，
且對你說：「人生便是你目前或往昔所過的生活，
未來仍將不斷重演，絕無任何新鮮之處。
每一樣痛苦、歡樂、念頭、嘆息，
以及生活中許多大大小小無法言傳的事，皆會再度重現。
所有的結局也一樣——同樣的月夜、枯樹和蜘蛛，
這個時刻的你我同樣是未來那個時刻的你我。
存在的沙漏將不斷地反覆轉動，
而你在沙漏眼中，只不過是一粒灰塵罷了！」
那個惡魔竟敢如此胡言亂語，
難道你不會忿忿不平地詛咒他？
還是，若在以前，你也許會回答他：
「你真是一個神，我從未聽過如此神聖的道理！」
假如這種想法得逞，
那麼你就已經被改造，
甚至被輾得粉碎。
一切的癥結在於：
「你是否想這樣一成不變地因循苟且下去？」
這個問題對你是一個重擔！
是否，你寧願安於自己和人生的現狀，
而放棄追求比最後之永恆所認定的更強烈的東西？

——知識　三四一節

有著截然不同的兩面，

兩條路在此交會——卻達不到它們的盡頭。

這條往後之路沒有盡處，而那朝前之路卻向無垠伸展。

這個門的名字謂之「剎那」。

—— 查拉III　幻影與謎團

萬物之中，凡能跑的不都已跑完那條路？

萬物之中，凡會發生的不都已經發生，而且成為過去？

倘若萬物都曾存在過，這出入口豈不亦是如此？

這門、人和蜘蛛豈不應該早已存在？

我們將再度跑完這漫長的路，

一直循環到永遠。

兩條沒有開始也沒有結束的路，

都在剎那之門交會，而我們就站在門口！

—— 查拉III　幻影與謎團

·德爾沃，保爾／庭園

勇氣是最佳的殺手——

攻擊性的勇氣能剷除死亡。

—— 查拉Ⅲ　幻影與謎團

勇氣——由於攻擊性的勇氣乃是最佳的殺手，

因此，在每次攻擊中，

都必須有勝利的樂聲。

就因為人是最勇敢的動物，

所以他能征服其牠所有動物。

他在勝利的樂聲中，克制了一切痛苦。

然而，人類本身的痛苦才是最大的痛苦。

勇氣同時也為我克服面臨深淵的暈眩。

人何往而能無深淵呢？

他只要隨便放眼一望，

觸目所及皆是深淵！

勇氣是最佳的殺手——

它能剷除同情；

而同情乃是最深的淵谷。

一個人對生命本身的體認有多深，

對痛苦的了解就有多深。

勇氣是最佳的殺手——

攻擊性的勇氣能剷除死亡。

它說：「那曾是生命嗎？

好吧！讓我們重新再來一次吧！」

在這番話當中，洋溢著勝利的樂聲。

讓有耳朵的人去聆聽吧！

—— 查拉Ⅲ　幻影與謎團

萬物分了又合，同一存在之屋不停地在自建；
一切離了又聚，存在之環始終對自己忠實無欺。
存在始於每一剎那，
每個「那裡」之球都繞著每個「這裡」旋轉，
其中心無所不在。永恒之路是蜿蜒的。
　　——查拉Ⅲ　病癒的人

　　　　　　　　我是個流浪者以及登山者——
　　　　　他對自己說：「我不喜歡平原。」
　　　然則，看起來我似乎不能靜坐太久。
　　無論我們遭遇怎樣的命運和際遇——
　　　　　　流浪與登山是不可少的；
　　　而一個人到最後所要面對的，
　　　　　　　　仍是自己而已。
　　眾多屬於我自己體驗的際遇早已過去。
　還有什麼未曾屬於我的事會發生在我身上呢？
　　　　　　　　　我自己——
在經過一番漫長的四處漂泊與世事的歷練之後，
　　　　　　終於又回到我的故鄉。
　　　　　　　長久的異鄉生活，
所有經歷的事物都散發於眾多偶然中。
　　　　　　——查拉Ⅲ　流浪者

第四節

如何閱讀歷史？

神聖的無政府主義者及基督徒執意要去破壞「世界——」

這個即使在困境下，

仍是最偉大的組織形式的羅馬帝國——

直到日爾曼人和其它野蠻民族能夠成為它的主人為止。

而這些人卻聲稱自己的行為是「虔誠」的。

基督徒和無政府主義者都是頹廢的，

兩者除了分化、戕害、衰敗，

不可能再產生其它結果。

兩者均死命地反對一切存在，

包括一切光榮、永恒的存在，

一切會為生活帶來希望的東西。

基督徒是羅馬帝國的吸血鬼——

他們一夜之間破壞了羅馬人

歷經千年所建立起來的高度文明和偉大功業——

這一點到現在還沒有被了解嗎？

羅馬的歷史使我們對羅馬帝國有了很清楚的認識。

這最值得讚嘆的大藝術品就是一個開始，

與「比青銅更久遠」

的羅馬帝國比起來，
所有在此之前或之後的歷史都顯得拙劣，
像是東拼西湊而成。

—— 反基督　五八節

它的造成經過數千年的證明，

是最具有價值的！

一直到今天，沒有人能再造出第二個羅馬帝國，

甚至也沒有人能夠夢想去建造這樣的組織！

這個組織，堅固得足以承受那些荒誕帝王的蹂躪。

人為的偶發事件，絲毫不能破壞它——

此乃一切偉大組織的先決條件。

然而，如此堅固的組織，

卻終究對抗不了那一切墮落中最墮落的基督徒……

這種隱密的蟲蟲，

在夜間、在迷茫中，會暗暗地爬到每個人身上，

從當中吸取追求真實的嚴肅性和尋求實在的本能。

這種猶如女性般懦怯、柔弱、

外表甜美、分裂的「靈魂」，

勢必一步步離開那巨人的結構。

那些有價值、男子氣、高貴的人，

他們在羅馬人身上發現自己的面目，

發現自己的嚴肅性，同時發現自己的光榮。

那些偽善者卑劣、祕密性的集會，

在幽暗的概念中，

如地獄般的飲血儀式和無罪者的犧牲；

尤其是那慢慢煽起的復仇之火——

那賤民的復仇之火——

・莫列托／契扎雷斯可伯爵

古代世界所有的努力都徒勞無功。

至於對如此巨大的事情，
我無法用言語表達我的情感。
——反基督　五九節

這一切都將成為羅馬的主人。

於是，保羅出現了……

保羅，這個憎恨羅馬，憎恨「世界」的賤民，

便成為具體的代表，成為天才，

成為永遠流浪的卓越的猶太人。

他所沒有想到的是，

人們如何利用猶太教以外的基督教運動，

去燃起「世界之火」；

如何運用「十字架上的上帝」的象徵，

以結合所有下等社會的人，結合一切祕密反抗的人，

結合帝國內由無政府主義者煽動的一切遺產，

成為巨大的勢力。

他了解，他需要相信那個不朽的信心，

以剝奪這「世界」的價值；他了解，

「地獄」的概念將成為羅馬的主人；

他了解，用「來生」的概念，

可使人們扼殺生命。

虛無主義和基督教義互相唱和，而且不僅唱和而已。

——反基督　五八節

由於認為它的努力是基本的，

因此，惟有數千年來努力的基礎，
才被賦予堅定的自信。
——反基督　五九節

由於認為它的努力是基本的，

因此，惟有數千年來努力的基礎，

才被賦予堅定的自信。

古代世界的一切意識都成為徒然了！

希臘人、羅馬人又所為何來呢？

——產生高雅文化的一切條件與科學方法都早已在那裡；

偉大而無與倫比的技術亦早被建設起來——

那文化傳統的預設、科學統一的預設。

自然科學在一種最好的形式下，

與數學和工藝學相結合——

對事實的判斷力，

即一切判斷力中最後、最有價值的判斷力，

有它的各種試驗項目和世紀的傳統。

這一點是否被了解了呢？

一切重要的東西都被發現了，

這個工作便可以開始著手。

我們必須不斷地強調，方法是重要的，

也是最困難的，

更是長時期受阻於習慣和懶散的東西。

今天，我們以最大的自制再次獲取的東西——

因為我們每個人的體內仍舊具有壞的本能，

亦即基督徒的本能——

面對自由的眼光、謹慎的手，

一切的不幸都來自自己，

只因我們讓感情在靈魂中昇到頂點；
靈魂中所有的猶太成分，瞬間達到了頂點。

——反基督　五九節

在最微小的事務中的忍耐和嚴肅、

在知識中的整個完整性——

曾經早已有過，兩千多年前就有過！

然而，一切都徒勞無益！

一夜之間，除了留下記憶，

全都一無所有——希臘人！羅馬人！

本能的高貴風格、方法的研究、

組織與行政的天才、對於人類前途的信念、

對於一切事物最大的肯定……

這一切在羅馬帝國中，都是明顯而易見的，

亦都可為一切感官所知覺。

這個偉大的格調不再只是藝術，

而是成為實在、真理和生命了。

此並非由於天災，在一夜之間被埋葬了，

或為日爾曼人和其他野蠻人所踐踏了；

而是被那狡猾、隱藏、看不見、貧血的吸血鬼所毀。

不是被征服——而是被吸乾。

潛伏的仇恨、卑微的妒忌成了主人。

一切的不幸都來自自己，

只因我們讓感情在靈魂中昇到頂點；

靈魂中所有的猶太成分，瞬間達到了頂點。

　　——反基督　五九節

時至今日，

只有這場偉大的戰爭；

時至今日，

未曾有過比文藝復興問題更具決定性的問題。

——反基督　六一節

這裏，我們必須接續到一個記憶。

這是個對德國人而言，十分困難的記憶。

德國人騙取了歐洲最偉大的文化收穫——

歐洲仍然可能獲得——

亦即文藝復興的文化收穫。

人們是否知道，

是否願意知道文藝復興的真面目？

那是一切對基督教價值的重新估價，

是企圖利用任何手段、本能與天才，

將反價值——即高貴的價值，帶入勝利之境。

時至今日，只有這場偉大的戰爭；

時至今日，未曾有過比文藝復興問題更具決定性的問題。

我們的問題就是文藝復興的問題——

亦從未有過一個更基本、

更直接的攻擊方式去攻擊要害，

攻擊基督教的中心所在，

把高貴的價值置於寶座之上。

這一切是意指把它們直接帶入本能，

帶入那些人最低等的需求欲望之中。

我看見一個可能性，

一個全然世俗的可能性；

我知覺到一種藝術在其中形成，

而這種藝術如此神聖，

宗教家只想到他自己。

路德目睹羅馬教廷的墮落、原罪觀念、
基督教不再位居天主教的寶座之上。
——反基督　六一節

以至於儘管我們竭盡千年來的努力，

也難以找到第二個這樣的可能性；

我看見一個真實、奇妙又矛盾的遠景，

以至於奧林匹斯山上的諸神得以有機會永久大笑。

凱撒·波祺亞做了教皇。

我被了解了嗎？

那是今天我勝利的唯一希望：

藉由這種勝利，基督教可望被廢棄了。

可是，發生了什麼事呢？

一個德國和尚馬丁路德到達羅馬。

這個和尚，在他體內充滿一種落魄教士本能的怨恨。

他在羅馬被迫害——反對文藝復興。

他不了解此地發生的巨大事件之意義，

就在基督教中心所在地征服基督教。

他的怨恨只知道如何從此情境中吸取自己的養料。

宗教家只想到他自己。

路德目睹羅馬教廷的墮落、原罪觀念、

基督教不再位居天主教的寶座之上。

相反地，只有生命，只有生命的勝利，

只有對一切高尚、美好、大膽事務的偉大肯定！

而馬丁路德卻保留了教會——他攻擊它。

文藝復興——一個毫無意義、徒勞無功的事件。

啊，這些德國人！他們花費了我們多麼大的力量！

歐洲人發現自身處在一片遼闊的廢墟中，

其間某些東西仍高踞不下，
有些則逐漸轉為腐敗、陰暗，
而大部分均已傾圮、倒塌。
——知識 三五八節

徒勞無功——那是德國人常做的事。
宗教改革、萊布尼茲、康德以及所謂德國哲學、
「解放」戰爭、德國政府（the Reich）——
每一次對於某些早已得到的東西，
對於某些不能回復的東西，都徒勞無益。
我承認，這些德國人都是我的敵人！
我瞧不起他們心中每一種思想和評價上的污穢，
瞧不起他們在面對每一個誠懇的肯定和否定時的懦弱！

——反基督 六一節

歐洲人發現自身處在一片遼闊的廢墟中，
其間某些東西仍高踞不下，
有些則逐漸轉為腐敗、陰暗，
而大部分均已傾圮、倒塌。
這情景猶如壁上
那一幅四處蔓生著高矮參差之野草的畫——
我要到哪裏去找比這些斷垣殘壁更美的景物呢？
這是一座歷史悠久而堅固的宗教建築——
也是碩果僅存的羅馬建築！
——它當然不是毀於一旦，
而是歷經長久以來地震的搖撼，
各種精神力量的貫穿、挖鑿、噬嚙和腐蝕，

才造成整體的毀滅。

然而，最令人納悶與不解的乃是：

當初貢獻最多、最大的心力，以保存維護此一教堂的人，

竟然也是最不遺餘力摧毀它的──德國人。

看來，德國人並不了解一座教堂的本質和精髓所在。

難道他們的精神力量不夠嗎？

還是因信仰不堅，才導致如此的結果？

不論在何種情況下，

教堂的結構一概都是基於南歐特有的自由慷慨精神，

同時也基於南歐人對自然、人類和靈魂的懷疑，

另外也基於對人類經驗的認知──

這一點恰與北歐人的看法截然不同。

馬丁路德的宗教改革運動，

無論就時間的長久，所牽的涉範圍來說，

都是出於以「單純」對抗「複雜」的義憤。

說得謹慎點，這乃是一種粗鄙卻厚道的誤解，

頗值得原諒──

人們並不明白一個勝利的教會之表達模式，

只見到它腐敗的一面；

他們誤解了懷疑主義的高貴本質，

錯怪了每個成功自信的教會權限之下，

所能允許的幾近奢侈的懷疑論調和包容力量。

──知識　三五八節

虛無主義（Nihilism）或現代史

今天，我已可以詳述往後的歷史。

因為歷史本身都有其必然性。

對於未來的世界，

我們已有上百的徵候可尋。

人類未來的命運，

我們已被告知；

對於未來的樂章，

我們無法充耳不聞。

以前，全歐洲的文化，

每十年就增加令其社會緊張的苛責，

並因而進入一個新的里程。

人們不再鎮定，

而變得暴躁不安；

人們不再看見自己，

而更恐懼於見到自己。

大家隨波逐流，不再做任何抗拒。

——權力　序

我將要談到的是，

往後兩個世紀的人類。

我想，今後所要的將是和以往完全不同的存在形式，

那就是「虛無主義的興起」。

——權力　序

——然而，現在於此大肆發表議論的，

卻是一位敢於面對自己而不隨波逐流的人。

他遠離人群，

站在局外觀看，

由人類見到自身利益的眼中觀看，

指出人類應該前進的方向。

這些人便是哲學家或隱居者。

他們以涉足未來，

具有冒險性、誘惑性的靈魂，

如同「回顧往昔」的鳥兒般，

說出預言未來的話語，

道盡人類靈魂對未來的憧憬。

歐洲人最早的虛無主義，也是最完全的。

它已逼近到你我左右——

在你的背後、你的下方，

甚至普及到和你全然無關的事物。

——權力　序

．畢爾茲利／莎樂美

虛無主義本身有兩種定義：

——精神力高揚的虛無主義。

換句話說，便是動能性的虛無主義。

——代表精神力衰退與退化的虛無主義。

——權力　二二節

虛無主義已敲響了人類的大門。

這位不速之客將從何處進入人類的心扉呢？

——據我考據，「社會的貧乏」、「生理的退化」

或人類所有頹廢墮落的行為，

都與虛無主義的到來毫無關聯。

不論是肉體或精神上，窮乏本身，

並無法擁有產生虛無主義

（完全否定價值或意義的願望）的能力。

事實上，對於「窮乏本身」，

並無特定的解釋，

而基督教本身對於道德的詮釋，

或許是虛無主義最佳的避難所。

——權力　一節

虛無主義應做怎樣的詮釋呢？

——乃是指人類現存最高價值的事物

都將失去其存在之價值而言。

亦即，人類失去其活下去的目標，

對於「為何而活？」

失去一個肯定的答覆。

——權力　二節

人類——

被稱為人類的這種動物，
除了禁欲主義的理想之外已一無所有。
——系譜Ⅲ　二八節

虛無主義是一種「正常」的心理狀態。

它是「強者」的象徵，

一種精神力的延伸（指「信念」或信仰教條而言），

完全否定往昔的事物，

而服從具繁榮性、生長性、權力性的權威。

另一方面，虛無主義亦是創造性與自主性的，

它否定人類對某一事物「為何」的信念，

從中顯出其強勁的力量。

動能性虛無主義深具破壞性與暴力性，

它的力量將達到最大的極限。

與之對立的便是失去攻擊性，

已經疲乏的虛無主義，其最有名的形式便是佛教。

它是一種被動的虛無主義、一種懦弱的象徵。

其精神力已消耗殆盡，

對於未來的目標已與現存的價值觀脫節，

失去其繼續存在的價值了——

其綜合性的價值目標早已解體，

個體的價值觀亦相互交戰而瀕臨崩潰的邊緣——

宗教現今只能粉飾活力，

治癒人們心靈上的創傷，

麻痺人類上進的靈魂，

在道德與政治上達到一個最低的要求。

——權力　二三節

我們見不到

他們之所以生活在世上的目標。

「人類為何而活？」

——這是一個沒有答案的問題。

——系譜Ⅲ　二八節

我希望能喚回

人類所擁有過的一切至美的崇高事物，

不論它是現實的事物或架空的幻想。

這些都是人類昔日曾經擁有，

由人類所創造的。

我希望它們都回到我的身邊，

這些人類曾有過的最完美的事物。

人類本身對於詩人、思想家、

愛情或權勢都示以崇高的敵意！

殊不知其結果只使自己更加貧乏，一無所有！

殊不知，人類所讚嘆、崇拜的事物，

無一不是自己所創造出來的。

人類在崇拜者中埋沒了其自身的本性。

——權力　第二篇・序言

如果你說某個人毫無苦惱，

那將是對他最邪惡的詛咒。

—— 系譜Ⅲ　二八節

人類對於肯定和肩負大地使命的意志，

早已消磨殆盡。

不論是哪一個偉人，

當他們步入風燭殘年，

無不抱怨說：自己「白活了一世」！

於是，人類開始鑽進禁欲主義理想的巨大「間隙」當中，

並試圖在裡頭解放自己——

人類也在此失去了解自己、肯定自己的能力。

人類一直為自己到底為何活在世上而苦惱。

他們除了苦惱之外便一無所有；

他們是一群「生病的動物」。

但是，這種苦惱並非他們唯一存在的問題，

「為何而苦惱？」這個問題，

這個沒有答案的問題，

也一直困擾著他們。

人類，這個最勇敢、最習於被苦惱所困的動物，

一直在為自己找尋更多的困擾，

陶醉在苦惱之中。

如果你說某個人毫無苦惱，

那將是對他最邪惡的詛咒。

——而禁欲主義的理想，

卻為人類提供一項活下去的意義！

這也是人類之所以活下去的唯一意義。

除此之外，我再也找不到其它絲毫意義。

禁欲主義的理想，

讓人類的苦惱得到一個最適當的「解釋」！

當他們發現此一巨大空隙的當兒，

已為自己封閉了所有自殺之門。

這個解釋——

毫無疑問，將是一項新的苦惱。

那是更深入、更惡毒的苦惱，

而且把一切苦惱都以罪惡的觀點加以詮釋。

但是，別忘了——

人類也因此獲得解放，

得到一個活下去的意義。

人類不再是那飄泊無根的樹葉，

也不再是一顆「無意義」的球，四處滾動。

　　——系譜Ⅲ　二八節

第六節

基督與基督教

事實上，只有過一個基督徒，

而他已經被釘死在十字架上。

宣傳「福音」者已死在十字架上。

從那個時候起，被稱為「宣傳福音者」，

實際上是福音者的反面，

是「惡音」惡魔的使者。

要在一種信仰中，

例如透過基督而獲得贖罪的信仰，

去發現基督徒的特徵，那是虛假而荒謬的；

只有基督的實踐——

像死在十字架上那個人所經歷過的，

才是基督徒⋯⋯

這種生活，今天還是可能的；

對於某些人而言，甚至是必須的。

真正原始的基督教，

在任何時期都是可能的⋯⋯

——反基督 三九節

我要告訴你們

基督教的真正歷史——

「基督教」的「教」字，根本就是一個誤解。

——反基督　三九節

　　　　　　這個「福音的使者」

　　　　　　（指耶穌而言）死了，

　　　　　正如他曾生活過一樣，

　　　　正如他曾教訓過人們一樣——

　　　　　他不是來「救贖人類」，

　　　而是告訴人們必須怎樣生活。

　　　他用的是他在審判者前，

在那些控訴者、各種誹謗者和責難者前的行為。

　　　這個實踐是他給我們人類的遺產。

　　　　　　他沒有反抗，

　　　　也沒有為他的權利辯護！

　　他沒有採取過可能避開最惡劣之結果的步驟。

　　　　　　　相反地，

　　　　　他反而挑起它。

　　　　　他乞討、受苦，

　　　愛那些陷害他的人；

　　　　不反抗、不發愁，

　　甚至對惡魔，也能去愛他。

　　　　——反基督　三五節

・杜勒／啟示錄中的四騎士

天國只是一種內心的狀態——

不是將要來自「天上」或「死後」的某種東西。

——反基督　三四節

在心理學上，整個「福音」缺乏罪與罰的概念，

也缺乏報償的概念。

「罪惡」——

任何隔開上帝與人之間的距離——被取消了。

這正是「福音」。

它不是被承諾的，不受種種條件的束縛，

它是唯一真實的。

其餘的只是述說它的符號……

這種狀態的結果，把自己變成一種新的實踐。

它不是一種表現基督特色的「信仰」。

基督徒是要有所行動的，

他的特色表現於他不同的行為。

表現於他無論是言語或內心方面，

都不反抗待他不好的人。

表現於不分異邦人或本國人，

不分猶太人或非猶太人。

表現於不對任何人發怒，也不輕蔑任何人。

表現於不出現於法庭或牽涉於法庭。（不作誓言）

表現於任何情況下都不與妻子離異，

即使他的妻子對他不貞。

救世主的生活不外乎這種實踐

——他的死亡也不例外。

——反基督　三三節

只要有牆的地方，

我要在所有的牆上寫下我對基督教的控訴——
我擁有甚至可以使瞎子都看到的文字……

——反基督　六二節

在福音中，
整個自然死亡的概念是沒有的。
死亡不是橋樑，不是過渡——它是欠缺。
因為它屬於一個完全不同，
僅僅外觀相同的世界。
所以，只有在它給我們符號時，它才有用。
「死亡的時辰」不是基督教的概念——
「時辰」、時間、物質生命及其厄運，
對於「福音」的牧師而言，
可說是不存在的。
「上帝之國」絕不是一個人所期望的，
它沒有昨天，
也沒有明日，在「一千年中」，
它不會來到——它是內心的一種體驗；
它無所不在，但又不在任何地方。

——反基督　三四節

所謂作為「不朽靈魂」的每個人，

與別的每個人，都具有同等身分；

所謂在全體生物中，每一個單獨個體之拯救，都具有永恆的意義。

——反基督　四三節

只有我們，我們這些已成為自由的人，

才能了解十九個世紀以來被誤解的那些假定。

如果一個人要去尋找那諷刺的神性，

參與這大世界戲劇的徵兆，

他在那稱為基督教的大問號中將找不到一點點支持。

人類匍匐於作為福音的起源、意義、道理之對立者面前。

在教會的概念中，它宣稱為神聖的東西，

正是「帶來福音者」在他足下和背後所感覺到的東西——

一個人將無法找到一個更大的諷刺世界歷史的例子……

——反基督　三六節

我說基督教是一個大災禍，

一個最大的內在墮落，一個最大的仇恨本能。

對它而言，沒有一種手段是更毒害、更隱密、

更卑下、更微妙的——

所以，我稱它是人類一個永久的瑕疵。

對一切價值的重新評估，

是從這個災難的凶日開始——

也就是基督教的第一天之後。

為什麼它不在末日以後呢？

為什麼不在今天以後呢？……

——反基督　六二節

由於人人平等的謊話，

貴族政治的情形乃從最下等的社會中開始顛覆。

——反基督　四三節

那些渺小的自負者和幾近瘋狂的人都有種自大的毛病，

即認為自然律常會因為他們的緣故而被打破——

這種強化自私為無限者的說法是無聊的，

卻不能過度忽視。

基督教的成功，

正是由於這種個人虛榮鄙陋的阿諛。

所有這些失敗的人，

所有這些反抗的人，

所有這些太不幸的人，

所有這些人類的廢物和渣滓，

都因此被說動而聽從它。

所謂「一切人的平等權利」這種毒害的理論——

基督教把它傳播得最為徹底。

由於那些不良的本能中最祕密的角落，

基督教死命反對人與人之間的一切差別感和距離感，

亦即反對人的每一種超昇，

每一種文化成長的假設。

由於群眾的憎恨——

創造了這對抗我們的主要武器，

對抗世上一切高貴、快樂，

有著高尚心靈之人，

對抗我們現世幸福的主要武器。

讓任何人都得以「不朽」的看法，

一直是謀殺高貴人類之最大、最惡毒的企圖。

我們不能忽視自基督教中產生而潛入政治的災難。

今天，沒有人再有勇氣要求特權，

要求作為主人的權利，

要求對自己和對同輩的尊重感——

要求一種距離感。

由於缺乏這種勇氣，

因此我們的政治是病弱的。

由於人人平等的謊話，

貴族政治的情形乃從最下等的社會中開始顛覆。

如果是由於「多數者的特權」這種信念而產生革命，

並願意產生革命的話——那麼無疑地，

正是由於基督教和此教的價值判斷，

每一個革命才變成了血與罪行。

基督教是一切爬在地上的東西對具有高度者的反抗。

「賤民」的福音產生了賤民。

——反基督　四三節

貴族社會──

換句話說，
承認人與人之間有階級差別。
──彼岸 二五七節

如果要使「人類」的型態更高貴，

除了回復往昔的貴族社會外，

別無它法──永遠不變的真理。

於是，一個奴隸制度的社會也就勢必得保留下來。

由距離所產生的熱情，

由階級制度所產生的身分差異，

由支配者以階級所產生的統御力，

以服從與命令隔離出來的社會，

將是現今社會中所無法得見的熱情與神祕感。

凡是「真正的人」，

其靈魂必得擴大與他人之間的距離。

如果有了階級的分化，

這種人類的上進本能必能盡情地發揮。

於是，「高貴的人性」、

「超道德的人性」就得以重新回到我們身邊。

──彼岸 二五七節

第七節

善良者通常是一個終點的發端

善人——他們無法被創造。

他們往往是一個終點的發端。

他們最痛恨創造者及舊規格與舊價值的破壞者——

他們稱之為法律的破壞者。

只因那些善良者本身無法創造，

他們永遠是一個終點的發端——

——他們將在新表上填寫新價值的人，釘在十字架上。

他們為了自己而犧牲未來——

他們所釘死的是整個人類的未來！

善良者——他們向來是一個終點的開始。

無論毀謗世界的人如何胡作非為，

那善良者所造成的傷害永遠是最大的。

——查拉・新舊之板　二六節

什麼是善？

凡是增強我們人類之力量感的東西、力量意志、力量本身，都是善。

——反基督　二節

從根本上說，在「反道德」這個名詞中，含有兩種否定。

第一，我否定以往被稱為最高者型態的人——

即善良、仁慈、寬厚的人。

第二，我否定普遍承認所謂道德本身的道德——

即頹廢的道德；

更明白地說，便是基督教的道德。

我認為第二種否定更具決定性。

因為一般說來，

高估善良和仁慈的價值是頹廢的結果，

是柔弱的象徵，

不適於一種高揚而肯定的生命。

否定和滅絕是肯定態度的條件——

善良者的存在條件是虛偽；

或者換句話說，

即不願知道現實是如何構成的。

要求每個人都成為「善良的人」、

合群的動物、藍眼、仁慈、「美的靈魂」，

或者像史賓塞（Herber Spencer）所希望的——

一個利他主義者。這就是人們所企望的……

人們所稱為道德的就是這個。

——瞧這個人‧命運　四節

什麼是惡？

凡是柔弱的東西都是惡。

——反基督 二節

柔弱者和失敗者將會消滅。

這是我們對人類之愛的第一原則。

我們甚至要給予他們一切可能的助力以助其消滅。

什麼東西比惡的行為有害呢？

主動地憐憫一切失敗者和柔弱者。

更為有害的是——基督教。

——反基督 二節

想報仇以及報仇之事——

抱著滿腔復仇之心，

想付諸實現的事，

恰有如激烈的熱病在發作，

在等待發作過去的程序一般。

至於懷抱著復仇之心，

卻沒有勇氣付諸實施者，

等於是患了慢性病或身心中毒症。

因為，所謂道德，只看意圖。

是故，對兩方都給予相同的評價。

一般情形下，前者受到的評價比較差

（因為，所謂復仇者，時常會招致惡劣的結果）。

這種評價都有點短視。

——人性的·上 六十節

什麼是幸福？

幸福是一種力量增強和阻力被克服的感覺。

——反基督　二節

把原因與結果弄錯的謬誤——

以所有的宗教及道德來說，

一般都採取如下的根本方式：

「你們必須做某些事，絕對不能做某些事……

只要如此，你們就會變成幸福的人。否則的話……」

反正，所有的道德及宗教都採取如此的命令方式——

我一向稱此為違反理性的大罪，以及絕對性的不合理。

如果由我來說，情形將剛好相反——

我將基於一切價值的轉變方式如此說：

「教養良好的人，也就是『幸福者』，

根本不會做某種行為；

而對於其它行為，他將基於本能而避開，

並且將把生理學方面所表現的秩序

帶入它跟事物的關係中。」

換一種表現方式來說——

「一個人的道德就是他幸福的結果。」

教會與道德如是說：

「某一個種族、某一個民族，

由於缺乏道德且生活奢靡，勢將被消滅殆盡。」

已經恢復的理性會如此說：

「當這個民族即將滅亡時，生理方面將顯著地退化。

結果呢？缺乏道德的行為，

以及奢靡的生活方式，將陸續出現。」

處於和平事態之下，

充滿戰鬥性的人往往會襲擊自己。

—— 彼岸　七十六節

譬如說，有一個蒼白，渾身病懨懨的青年，

他的朋友一定會如是說：

「正因為罹患了某種疾病才會如此……」

我則會如此說：

「他之所以會罹患疾病，

以及他無法抵抗疾病，

乃是生活貧困的結果。」

閱讀報紙的人會說：

「這個黨派可能是因犯了這種過失而滅亡。」

而我則會基於更高一步的政治論調，如此說：

「犯了這種過失的黨派已經完了，

因為它不再具有確實的本能……」

不管何種過失，

都是本能退化及意志分散的結果。

這句話，幾乎可以給所有惡劣的行徑下定義。

凡是所有良好的行徑都是因發現本能——

是故，它使人感到輕鬆、自由。

所謂「辛苦」的說法，不過是一種反駁罷了。

典型的神（指尼采眼中之神——Dionysus神）

一向與英雄區分開來。

以我的論調來說，輕快的步調，

應該是神性的第一個特徵。

—— 偶像

所有外部未發洩的本能，

都會朝向內部發展。

如此，被稱為「靈魂」的東西就會發生於人類身上。

——系譜 十六節

唉……這個可憐的人獸啊！

當他野獸似的行為只要稍微被阻撓時，

人類就會想到什麼呢？

毫無疑問，將立即使觀念的獸性爆炸開來，

以致使一切顯得違反自然。

——系譜 二二節

噢，弟兄們！

我這個人是否太殘忍了？

不過，我仍然會說：

「對於那種會掉落的東西，

不如由我們把它推下去。」

眼前的任何東西都會掉落、腐朽，

誰會去支持這些東西呢？

所以我說——很想再推下另一個！

你們能夠體會得到，

把石頭推下險峻山谷的快感嗎？

——今日的人，放眼看看他們的狀態，

瞧著他們滾進谷底的狀態！

對於更好的演奏家來說，

我是一支前奏曲。

噢，我親愛的弟兄！

這個地球實在是個充滿禁欲的天體。

此地住著充滿不滿的情緒，
高傲而卑下的生物——人類。
——系譜 十一節

這是一個很好的實例。

你們就學學我的例子吧！

對於那些你們不能傳授「飛翔」的人——

那就乾脆教他們更快墮落的辦法吧！

隱藏於我們內心的獸性很喜歡被騙。

所謂「道德」也者，

乃是為了避免被獸性所撕裂的謊言。

如果道德種種的假定中沒有謬誤，

人類可能還會停留於動物的階段。

不過，人類總以為自己是高等生物，

因此給自己套上嚴厲的規律。

正因如此，

人類憎惡自己接近動物的階段。

關於這件事，

由過去不把奴隸當成人看待的做法即可窺見一斑。

——人性的・上 四〇節

人類對人類的問題，

以及對自己本身煩惱的疾病。
這也正是人類勉強剝下動物性，
朝向新狀況及生存條件的必然結果。
——系譜 十六節

這個內層的世界，
本來有如介於兩面皮膚間的薄弱之物。
然而，隨著人類對外部的發洩受到抑制，
它將逐漸分化，擴大，
並且增加它的深度、寬度及高度。
針對原始自由的本能，
國家為自衛設置了壁壘——
種種刑罰就是這種壁壘的一種——
然而，這種壁壘到底產生了什麼作用呢？
充其量，只是使野蠻自由自在地活動，
使人類的所有本能轉了個彎，
再用刀刃向著人類本身而已。
像對敵意、殘忍、迫害，襲擊、變革，
破壞的快感……
所有這些，一齊指向本能的持有者時，
即會產生所謂「良心的苛責」。
被關進狹窄、死板的習慣中，
又由於外部沒有敵人及抵抗，
再也無法忍耐下去，
以致只好迫害自己、撕裂自己、
啃食自己，甚至虐待自己。
最近頗流行「馴化」一詞。
可是，那些離開蠻荒之地，

被關進獸欄的人，

往往由於用自己的身體去衝撞獸欄，

以致傷痕累累。

最後，只有以身試「險」，

在冒險與不安的心理之下，

製造出一片危險的蠻地。

這種對沙漠萌出鄉愁的人──

這種愚蠢者，這種對憧憬絕望的歸人，

終於變成了「良心之苛責」的發明者。

同時，人類也帶來了至今仍無法痊癒的沈重疾病。

那就是──

人類對人類的問題，

以及對自己本身煩惱的疾病。

這也正是人類勉強剝下動物性，

朝向新狀況及生存條件的必然結果。

　　──系譜　十六節

這個世界——

乃是一個無始無終,蠻力十足的怪物。

——權力　第一○六節

他們不能掙脫與大地一切眾生所結下的憤怨,

以致不斷地往自己身上加諸痛苦。

由它帶來的自虐之歡樂看來,

可能這是唯一的快樂吧?

不過,充滿嫉妒的陰險之眼,

都一直盯著美與歡悅的事物。

另一方面,

又對不幸、醜惡、自發性的犧牲、

自我放棄、自我懲罰、

自我犧牲感到一種歡悅,

甚至刻意求取。

這種不可思議的生物,

在生理方面的生活力越減退時,越會增強信心;

而且會誇耀自己的勝利。

在「臨終苦悶的凱歌」這至高的旗幟下,

禁欲主義的理想仍然在戰鬥。

其至,可以在充滿誘惑性之謎,

以及狂喜與苦悶中,

找出最耀眼的光輝,

以及最後的勝利。

十字架(CRUS)、胡桃(NUT)、光(LUX),

此三者就在其中。

——系譜　十一節

那麼，最「邪惡」的人又是誰？

他們不外是高貴的人、有勢力的人及支配眾人者。

—— 偶像・古人　第四節

那麼，最「邪惡」的人又是誰？

他們不外是高貴的人、有勢力的人及支配眾人者。

一方面，他們基於做人的方式、習慣、

尊敬、感謝等美德，

又加上彼此的監視、同伴之間的嫉妒，

受到嚴格的拘束。

但是，另一方面，在對付自己內部同志的態度方面，

又儘量表現出——

體貼、自制、溫情、誠實、矜持及友情。

話又說回來，一旦他們踏出圈外，

也就是說，當他們處於沒有利害關係的環境時，

立刻就會變成毒蛇猛獸。

他們會想盡辦法掙脫社會的拘束，享受自由。

當他們被困圍於社會和平的樊籠裡時，

感到情緒極為緊張。

如今他們便想在原野上，

把那些緊張的情緒發散。

他們立刻恢復到猛獸的「天真」，

對於殺人、放火、凌辱、拷問等等慘行視若無睹。

他們在內心裡認為——

那只等於大學生的一場惡作劇罷了。

猛獸為了攫取獵物及勝利，不停地在徘徊。

不過，有時候也需要休息。

野獸總要回到外面——野獸非回到原野不可。

——不管是羅馬、阿拉伯、日耳曼、日本的貴族，
荷馬筆下那神似的英雄，斯堪地那維亞的海賊——
對於這種渴望，都相同。
這些高貴的種族，在他們的足跡踏過的地方，
都留下所謂「蠻人」的概念。
從他們最高的文化中，
亦可窺見那種誇耀的意識
（例如伯里克利斯在著名的弔辭
〈弔祭伯羅奔尼薩戰役戰死者的演說〉裡，
就對雅典市民如此說：
「我們憑著豪膽，在所有的海陸上打開通道，
並且，不管是在善或惡、是或非之地，
都能夠建立永久不滅的紀念碑。」）
高貴種族的自狂是沒有條理，
極為唐突的——所謂「豪膽」，
以及他們陰險的企圖，
對於別的種族之安全、生命及快適毫不關心，
對於所有破壞的快感，
對於暴虐所換來的勝利沾沾自喜——
所有這些，不僅害苦了被征服的別個種族，
而且把他們稱為「野蠻人」或「邪惡的敵人」。
德國人一旦掌握了權力，

審美狀態是兩面的，

一方面是豐富和贈送，
另一方面是尋求和渴慕。
　——權力　第八四三節

立刻就會引起（如今也一樣）

其他種族深刻的不信任——

數個世紀以來，日耳曼金髮的野獸在歐洲橫闖直衝，

使其他種族感到內心仍有餘悸。

只要檢討溫克爾曼及歌德所塑造的「希臘式」概念，

就不難發現「戴奧尼索斯」典型之藝術

所產生的要素與酒神祭典祕儀的概念不能合而為一。

原則上，歌德試著從希臘的精粹中，

認真地絞出這種要素。

關於這一點，我並不懷疑。

只是，歌德太不理解希臘人了。

因為，在戴奧尼索斯祕儀中，

很明顯地表現出希臘本能的根本事實，

也就是「對生的意志」。

透過這種祕儀，希獵人對自己保證了一些什麼呢？

那就是永恆的生命——生命的永恆回歸——

也就是過去被保證過的清淨之未來。

也可說是超越死與轉變的生命之肯定，

乃是透過生殖——性的祕儀，

而達到總體續存的真正生命。

正因為如此，對希臘人來說，

性的象徵就是尊貴的象徵。

凡是生殖、受胎、誕生的過程，

無一不喚起崇高而莊嚴的感情。

在祕教的範疇裡，痛苦也被視為神聖。

「產婦的陣痛」就一直被看成神聖。

其實，所有的生死與成長，

凡是保證未來的東西，都必須附帶痛苦的條件……

為了使創造的快感永遠存在，

以及對生的意志永遠能夠肯定自身起見，

「產婦的苦痛」也非永遠存在下去不可……

以上所有情況，

就是「戴奧尼索斯」這個詞所意味的。

以我個人來說，

對這種希臘的象徵所能理解的程度，

也只停留於「戴奧尼索斯」的祭典而已。

憑此，即能夠以宗教廷的感受，

體會到生命永恆性的本能——

亦能夠感到導致生命之道，也就是生殖，

乃是無與倫比的神聖之道。

基督教一開始就對生命滿懷怨恨，

並且認為「性」是不潔之物。

基督教對於生命的開始，

也就是對我們生存的前提，

投擲糞便……

——偶像・古人　第四節

對偉大作惡者的美化是希臘，

對罪人的貶低、誹謗和蔑視是猶太和基督教。

——權力　第八四五節

雖然處於生存中最異樣、最嚴酷的問題中，

但是，仍舊肯定生命。

為了這種最高的典型思想不惜犧牲，

並且欣然承認那是自己的無盡寶藏。

諸如這種對生命的意志——

我管它叫戴奧尼索斯。

我認為這是通往悲劇性詩人之內心的橋樑。

這並非要從恐怖及同情逃脫，

也非因為那是危險的激情，

想藉著它激烈地爆炸，

使自己變成清淨——

亞里斯多德如此解釋——

而是想超越恐怖及同情，

達到生死永恆的快樂——

也包括破壞性的快樂。

——偶像・古人　第五節

只有力量不斷地在改變。

力與力的遊戲，有如波濤洶湧，

一旦重疊，又會在同一個地方減退。

在自己的內心，

亦有排山倒海的浪潮起伏、氾濫，

永遠發生變化，永遠環流。

不知倦怠、疲勞為何物，

只是全心致力於祝福自己——

這種戴奧尼索斯的世界，

包括永恆的自我創造，

以及永恆的自我破壞，

可說是具有雙重快樂的神祕世界……

——權力　第一〇六節

第八節

我們對藝術
的感謝

我們對藝術的究極感謝——

如果我們不承認種種所謂的「藝術」，

又不曾發明所謂「藝術」的虛假崇拜，

那麼今日學識帶給我們的非真實，

以及虛構的洞察——所謂人類生存的條件之一，

就是能夠認識並感覺到妄想及謬誤——

將使人難以忍受。

誠實很可能會招來嘔吐及自殺。

不過，我們的誠實擁有一種反對勢力，

可救助我們，以免招致那種結果。

那股勢力就是藝術，乃是對於假象具有善意的藝術。

如果我們的生存也稱得上是美的現象，

我們總能夠忍耐下去。

有時，我們得從自己本身逃脫，

以便喘一口氣，休息一下子——

如此，我們方能看清自己，離開一段藝術性的距離，

遠遠地端詳自己的模樣，又笑又哭。

真理是醜惡的。

為了不被真理所消滅，我們需要藝術。

—— 權力　第八二三節

我們必須畏首畏尾地演出滑稽的戲劇。

恰如我們對自己的智慧感到得意一般，

我們也必須時時揶揄自己的愚蠢！

在究極之處，我們時常扮演抑鬱不舒暢的角色。

我們身為人的負擔太重。

正因如此，丑角那頂附有鈴子的怪帽子，

對我們實在沒有多大用處。

不過，對我們來說，那頂丑角的帽子是必要的——

因為，我們實在需要那種飄飄然，有如舞蹈，

又如嘲弄般類似兒戲的至福藝術——

為了不被我們理想所要求之事物所拘束，

我們必須如此做。

為了我們最敏感的誠實，我們住往會跌入道德之中。

同時，由於對自己要求太嚴酷，

很可能在不知不覺間變成道德的傀儡。

這麼一來。我們不就是在開倒車了嗎？

我們必須能夠凌駕道德而站起來。

最好能夠飄飄然地飛在道德上面，跟它嬉戲。

為此，我們絕對不能缺少藝術，

正如我們不能沒有丑角的表演一般。

——如果基於某種原因，你們仍然對自己感到羞恥，

你們就不算是我們的夥伴。

——知識　第一○七節

藝術本質上的特點就是——

只有它才能夠「使存在完成」。
同時，它也是一種祝福，一種神化之物。

——權力　第八二一節

所謂「厭世性藝術」，

到底意味著什麼呢？

那不是太自我矛盾了嗎？

當蕭賓哈威爾使某種藝術作品對厭世主義發生作用時，

他犯了很大的錯誤。

因為悲劇並不說「斷念」這個詞。

表現恐怖事物以及有問題的事物這件事，

就是藝術家的權力及支配力的本能。

是故，藝術家並不怕它。

厭世的藝術是不能存在的……

藝術能夠肯定這一點。

可是，查拉又如何？

堪庫魯兄弟又如何？

他們所表達的事物是醜惡的。

不過，他們表達那件事「本身」，

乃是來自對醜惡之物的快感。

辯論是沒用的！

如果你們另有主張，

那就表示——你們在欺騙自己。

——權力　第八二一節

柏拉圖具有一種希臘人特有的天真，

以及基督徒所沒有的浪漫。

——偶像・游擊　第二十三節

對於所謂的美，

蕭賓哈威爾充滿一種愛鬱的表情如此說

——到底為什麼？

——對他來說，所謂的美，

乃是指轉瞬間能夠從「意志」獲得解放之事——美也者，

往往會把我們誘導至——所謂的永恆之救濟。

蕭賓哈威爾認為——

我們必須從「意志焦點」的性欲中救出所謂的「美」

——因為他已經知道所謂的「美」將否定生殖衝動。

真是奇妙的聖者！事實上，

已經有人向你抗議。

我認為抗議者就是大自然。

為何自然界的音調、色彩、

香氣等有節奏的運動都有美呢？

到底為什麼？

所謂的美，又會製造出一些什麼？

所幸，有一個哲學家對他提出抗議。

這個人就是近乎神的柏拉圖（蕭賓哈威爾如此稱呼他）。

他支持另外的命題：

「所有的美都會刺激生殖——

包括從最官能的東西到最精神性的東西。

這乃是美的固定作用……」

——偶像・游擊　第二十二節

他如此說：

「如果雅典沒有如此俊美的青年，柏拉圖哲學就不可能存在。」

——偶像・游擊　第二十三節

如非哲學家的靈魂陷入愛洛斯的酩酊，

把所有崇高的種子撒向美麗的大地，

那些雅典青年的靈魂就無法保持沈靜、安寧！

他也是一名奇妙的聖者！

柏拉圖式的哲學，

可以說是一種戀愛的競賽。

我不僅反對蕭賓哈威爾，

為了維護柏拉圖的名譽，

更不得不如此提醒各位。

那就是——整個古典的法國文化及文學，

都在關心性的地盤上成立。

在那兒，到處都能找到色情、

官能的刺激、

性方面的競爭，

以及形形色色的女人……

一定不會叫你感到失望的。

——偶像・游擊　第二十三節

正因為有所謂藝術及美的行為、

直觀等，所以不能缺少一種生理學的預備條件
——那就是所謂的陶醉。

——偶像・游擊　第八節

我們要針對藝術做什麼呢？

讚美它？歌頌它？

或者選其精粹，普遍地讓大家品嚐？

如此做了以後，藝術將增強某種價值判斷，

或者削弱某種價值判斷呢？

這是否涉及次序的問題？

或者只是偶然？

或者，可說成是不重視藝術家的本能？

藝術家最低的本能，

是否在追求生命的一種意願？

藝術乃是對生命的一大刺激。

我們是否能把它解釋為沒有目標的東西，

或是「為藝術而藝術」？

還有一個疑問。

那就是——

藝術也能夠表現人生醜惡的一面、嚴酷的一面，

以及奇怪的一面。

我們是否能把藝術看成掙脫人生苦惱的東西？

事實上，就有一個哲學家給藝術加上這種意義。

蕭賓哈威爾說：

「藝術全體的意圖，在於從意志中獲得解脫。」

他又說：「藝術能引起看破一切的情緒。」

並且把這句話當成悲劇的最大效用。

首先，

「陶醉」必須提高「全部機械」的興奮。
否則，不能成為藝術。
——偶像・游擊　第八節

不過，這是厭世主義者的看法，

也是一種「邪惡的看法」。

那麼，充滿悲劇性的藝術家到底為自己敘述了一些什麼？

是否如蕭賓哈威爾所表示的，

面對著恐怖及奇怪的事物，

以致不得不感到恐怖？

其實，這種狀態也就是一種高度的願望。

凡是知道這種狀態的人，

必然會對它表達最高的敵意。

而且，他還會把那種情形說出來。

如果他是藝術家，

又是傳播天才，

他不可能不傳播它。

面對強力的敵人、崇高的怪物，

以及能引起人戰慄的問題，

能夠勇敢又自由地表達自己的感情——

這種勝利而耀武揚威的狀態，

正是悲劇性藝術家所欲選擇而加以讚美的東西。

習慣於苦惱的人、探尋苦惱的人、英雄典型的人，

都喜歡以悲劇讚揚自己的存在——

只有對這些人，悲劇性詩人才會獻上甘醇的酒。

——偶像・游擊　第二十四節

所有基督教欲求的精髓，

例如「拯救」，
就是頹廢派最為正道的表現形式。

——華格納事件　末章

不管受限制的條件如何不同，
所有種類的陶醉都具有其力量。
尤其是性方面的陶醉，
可說是最古老、最具根本的陶醉形式。
同樣地，巨大之欲望、強烈之熱情的陶醉也非常美。
例如：祭典、競賽、冒險、勝利，
以及所有極端運動的陶醉，都屬於同一類。
除此之外，還有虐待的陶醉、破壞的陶醉。
受到某種氣象影響的陶醉，例如——春的陶醉。
或者麻醉劑影響之下，所引起的陶醉。
還有意志的陶醉、精神鬱結而獲得解脫的陶醉。
陶醉的本質性特點，在於力氣的高昂感及充實感。
在這種感情的階段，人們會『送東西』給事物；
而且會強制事物接受我們的東西——
也就是對事物施以暴力。
我們稱這種過程為「理想化」。
所謂「理想化」，並非如一般人所想像的，
只要去除枝葉般繁雜的東西，
就可以見到本質，而是必須使用猛烈的手段，
以便把主要特徵驅策出來。
為此，其它特徵必須銷形匿跡。

——偶像・游擊　第八節

基督教徒一直想從自我逃脫。

對他們來說，自我是必須詛咒的東西。

例如——高貴的道德、君主道德等。

——華格納事件　末章

在這種狀態下，

人會基於自己本身的充實，

使所有東西都豐盛起來。

不管看到什麼東西，

都會認為它們很有勁、很有活力。

在這種狀態下，人能夠使事物變化，

一直到它們能反映他的威力——

成為他完全的反射為止。

· 梵谷／鳶尾花

如此這般非變成完全的東西不可者——就是藝術。

對他來說，縱然並非他自己之物，

也將成為使他自己發生快感之物。

以藝術來說，人類將以完全無缺的方式享受自己。

我們也可以想像與此完全相反的狀態。

例如本能特殊的反藝術家——

這種人無論對於什麼東西，

都會使它們貧弱、稀薄，並且不斷消耗。

事實上，歷史上就出現過很多這種反藝術家，

以及生命的空腹者。

這些人不管在任何情形下，

都會搶奪事物，牢牢地吃定它，

使它變得又瘦又薄……

而且又多見於純粹的基督教徒。

例如巴斯德就是。

幾乎沒有一個基督教徒同時又是一位藝術家。

我不希望有人舉出孩子般的拉斐爾，

或者像十九世紀某類似療法的基督教徒

（指華格納之類，使求取感傷的大眾得以感傷，

以基督教式的同情為主題者）。

拉斐爾說「然」，又行「然」，

所以拉斐爾並非基督教徒……

——偶像・游擊　第九節

在自我肯定之中扎根，

那是活生生的自我肯定，也是自我讚美。
所有美且偉大的藝術都屬於此。
兩者的共同本質，不外是——感謝。

——華格納事件　末章

藝術——藝術是至高無上之物！
它是使生存變成可能的偉大之物，
也是對生存的偉大誘惑者，
更是對生存構成極大刺激之物。
對於否定生存的所有意志來說，
藝術是唯一粉碎它的優越對抗力。
它是徹底反基督教之物，
也是反佛教之物，更是反虛無主義之物。
藝術可以拯救認識它的人——
對於看到生存之恐怖的人，
或者想一睹為快的人而言。
也就是說，對那些對於生存具有悲劇性認識的人，
藝術可以伸出拯救之手。
藝術能夠拯救行動者——
對於看到生存之恐怖一面的人，
以及想在這種恐怖問題中求生存的人，
也就是悲劇性的戰鬥者及英雄，
藝術都能夠伸出拯救之手。
藝術能夠拯救苦惱者——
藝術能夠淨化苦惱、神化苦惱，
使苦惱也能成為偉大的一種恍惚狀態。

——權力　第八五三節

基督教的救義充滿了所謂道德，

而且只歌頌具有道德的東西。

——誕生・自我批評的嘗試　第五節

實際上，對於美的世界觀，

沒有比基督教的教義更為大幅度對立的東西。

因為，基督教的救義充滿了所謂道德，

而且只歌頌具有道德的東西。

至於藝術，則被驅逐到虛假的世界——

也就是說，基督教否定所有的藝術，

甚至對它詛咒、斷罪。

如果這件事是真確的，

其對藝術當然就會抱持著敵意。

因此，我老早就感覺到基督教的這種想法，

斷定基督教徒在價值判斷方面，

一向對生命充滿了敵意，

甚至對生命存著一種復仇式的憎惡感。

因為，所有的生命都基於假象、藝術、

迷惑及光學（看東西的觀點），

而且，不管在任何情況下，

都要涉及遠近法及謬誤。

但是，基督教一開始，

不管在本質上或根本上，

對生命就抱持著倦怠感。

像對「這個世界」的憎惡、

對於激烈感情的詛咒、

對於美及感情的恐怖，

為了巧妙地中傷這個人世，

而發明了所謂的天國。

這些東西，無非是對無的欲求、

對末世的欲求、

以及對「安息日中的安息日」的欲求罷了——

所有這些東西，跟基督教的絕對意志

（只承認道德方面的價值）一樣，

在所有「走向沒落」的形式中，

屬於最危險、最不祥的形式（至少我如此認為）。

至少我認為：

那是對生命最為深刻的疾病、

疲勞、不滿、消耗及貧困的標誌。

因為，在道德之前

（至少在基督教的道德，也就是無條件的道德之前），

「生」不可避免地會涉及「不正」。

為什麼？因為在本質上，

「生」這件事就是不道德的。

——誕生‧自我批評的嘗試　第五節

第九節

瞧這個人

〈瞧這個人〉

當然，我知道我從哪兒來。

就跟火焰一樣，

我從來不感到厭倦。

我不斷燃燒，

終於把自己燃燒殆盡。

我所捕捉的東西，

悉數都變成了光；

我所放出去的東西，

悉數都變成了炭末。

因為，我是火焰！

對個人而言，發狂的現象很少見。

不過，對集團、黨派、民族及一個時代來說，

那是很普遍的一種現象。

——彼岸　第一五六節

這就是我的靈感經驗。

「我也有這種經驗……」

為了找到向我說這句話的人，我相信我得倒溯幾千年以前。

——有關查拉這個人　第三節

〈威尼斯〉

那是一個茶褐色的夜晚，

我獨自一人佇立橋頭。

如此悅耳的歌從遠處傳來，

一片漆黑中，歌化成黃金水滴，

流轉在微波盪漾的河面，

與平底船、燈火及音樂……

醉醺醺隨波漂流，消失於黑暗。

我的魂兒也感到飄飄欲仙，

隨著一隻眼睛看不見的手揮動，

脫口合唱——

那首船歌。

五顏六色的清福使我顫抖。

　　——遂唱出無人聆聽的靈魂之歌。

關於盛世時代，

詩人所謂「靈感」的東西，

在十九世紀末的今日，

不知誰還擁有清晰的觀念？

如果沒有，就讓我說說吧！

只要稍存迷信之殘滓的人，

對於自己是壓倒性強力的化身及媒體等等

念頭恐怕無法拒絕吧？

例如——很突然地說出別人的心內事，

聽著！

因為我是如此如此的一個人，
請看在老天爺的份上，
不要把我和任何其他的人混在一起！
　　　　——瞧這個人　前言

或者好像看透了一個人般，
精確而神妙地說出有關對方的一切事情；
甚至耳朵突然聽到常人聽不到的聲音……
諸如這些一般人所謂的「啟示」，
充其量只不過是在陳述事實罷了。
人類習慣聆聽，而非到處打探；
人類慣於接受，而不去問誰要給予。
就如閃電一般，在毫無躊躇之下，
腦際閃出了一種思想。
那種令人恐怖的緊張，帶來了眼淚的激流；
狂喜之情使步調時而快速，時而緩慢；
微妙的情緒及微癢的顫抖感一直傳到腳尖——
那種伴隨著意識渾然忘我之狀態。
逢到這時，就算是最悲慘、甚至最陰沈的事，
也無法與那種狀態對立。
這時，最富於戰鬥性的要求，
乃是以必然之顏色發生作用的幸福之深度及節奏——
這些都是用來衡量靈感之力的尺度，
也是對其壓力及緊張的一種調節。
這一切，都會在非自由意志之下發生。
不過，彷彿是在自由的感情暴風雨之下，
或是在無限的權力及神意之下發生似的……
形象及比喻的不隨心，

凡是能吸入我著作氣息的人，

他就知道，這是高崗上的空氣，
會使人精神煥發的。
——瞧這個人　前言

乃是最值得注目的一件事。

形象是何物、比喻是何物的概念已經不存在了。

一切都會變成最接近、最正確且最為單純的表現。

實際上，只要你想起查拉圖斯特拉的一句話，

你就會感覺到——

彷彿事物自動接近你，

給你當成比喻使用似的——

「在此地，所有東西都會一面愛撫你，

一面靠近你，向你獻媚。

因為大象騎在你的背上馳騁。

到了這個境地，

你可以騎在所有的比喻上面，

朝向一切真理馳騁。

到了此地，

一切存在的言語之箱將朝你打開，

一切存在將成為言語；

而一切生成將跟隨你學習談話的技巧。」

——查拉Ⅲ　歸鄉

我覺得，

最粗魯的言語、
最粗魯的書信都要比沉默更溫和而誠實一點。

——瞧這個人　I

金色的晴朗之日，你來呀！

你彷彿在極神祕之下，

帶來甜美的死亡之兆！

我在海上到處瀏覽，

卻只能跟波浪嬉戲。

如此，心情反而更沈重！

我沈入忘懷的青色深淵。

我的小舟，現在我們就放下一切休息吧！

暴風與旅途——我真的能忘懷小舟載過的夢嗎？

希望與願望，兩者都溺於水裏；

大海與我的心，如今都顯得風平浪靜。

——摘自詩／太陽西沈

我報復的方式是這樣的：當我碰到愚蠢的行為時，
我會立即用一件聰明的行為來對付它。

——瞧這個人　I

沉默是一種令人討厭的東西，

把冤屈往肚子裡吞必然產生不好的心情——

甚至使人倒胃口。

——瞧這個人　I

我的時代還沒來到，

有些人出生得太早了。

—— 瞧這個人　Ⅲ

由衰弱而產生的憤恨，損害最大的莫過於衰弱者本身——
相反的，對於一個根本上富於精力的人而言，
憤恨是一種多餘的感情，如果他還擁有這種感情的話，
那麼，這種感情幾乎是精力充裕的一個明證。

—— 瞧這個人　Ⅰ

為什麼我比別人知道得多？
換句話說，為什麼我是這樣的聰明？
我從來沒有思考過那些不是真正問題的問題。
我從來沒有浪費過我的力量。
例如，我沒有經驗過任何宗教方面現實的困擾。
我一點也不知道所謂「有罪」那種感情。
同樣，我沒有一種測度良心悔恨的標準；
我覺得良心的悔恨不是什麼值得重視的東西……
我不喜歡把我的行動置於危難之中；
我喜歡從具有價值的問題中完全除去壞的結果。
因為在邪惡結果之前，
太容易失去觀察一個行動的適當立場。
我覺得良心的悔恨是一種「邪惡的眼」（evil eye）。
某些失敗過的東西，正因為它已經失敗，
所以更應該加以尊敬——這更能符合我的道德觀。

—— 瞧這個人　Ⅱ

當一個完美的女人愛你時，

她會把你撕得粉碎。

——瞧這個人　Ⅲ

我不希望被人誤解——因此，我必須先不誤解自己。

——瞧這個人　Ⅲ

因為我是從高處下來的，

而這個高處高到連飛鳥也飛不上去。

——瞧這個人　Ⅲ

女人遠比男人邪惡，也遠比男人聰明。

——瞧這個人　Ⅲ

擁有最長梯子的心靈，能往下走得愈深。

——查拉圖斯特拉

我活在自己的光裡，

我重新吸收從我身上爆發出來的火焰。

——查拉圖斯特拉

尼采的精神

周國平

尼采（一八四四～一九〇〇）是德國著名哲學家、詩人。他在美學上的成就主要不在學理的探討，而在以美學解決人生的根本問題，提倡一種審美的人生態度。他的美學是一種廣義美學，實際上是一種人生哲學。他自己曾談到，傳統的美學只是接受者的美學，而他要建立給予者即藝術家的美學。

事實上，尼采的美學儘管不太受專制美學史的學者重視，對於藝術家卻有極大的魅力，影響了一大批作家、藝術家的人生觀及其作品的思考內容。在這方面，別的美學理論恐難與之匹敵。

下面，是對尼采美學中若干基本問題略作說明——

一、日神與酒神

尼采的第一部著作《悲劇的誕生》可說是他的哲學的誕生地。在這部著作中，尼采用日神阿波羅和酒神戴奧尼索斯的象徵來說明藝術的起源、本質和功用乃至人生的意義。弄清這兩個象徵的確切含意，乃是理解尼采全部美學和哲學的前提。

希臘藝術歷來引起美學家們的極大興趣。在尼采之前，德國啟蒙運動的代表人物歌德、席勒、文克爾曼均以人與自然、感性與理性的和諧來說明希臘藝術繁榮的原因。尼采一反傳統，認為希臘藝術的繁榮不是緣於內心的和諧，反倒是緣於他們內心的痛苦和衝突，因為過於看清

人生的悲劇性質，所以產生日神和酒神兩種藝術衝突，要用藝術來拯救人生。

日神是光明之神，他的光輝史萬物呈現美的外觀。尼采說：「我們用日神的名字統稱美的外觀的無數幻覺」（《悲劇的誕生》第25節）。在日神狀態中，藝術「作為驅向幻覺之迫力」支配著人，不管他是否願意（《權力意志》第798節）。可見日神是美的外觀的象徵，而在尼采看來，美的外觀本質上是人的一種幻覺。夢是日常生活中的日神狀態。在藝術中，造型藝術是典型的日神藝術，表現在荷馬史詩和希臘雕塑中的奧林匹斯眾神形象堪稱日神藝術的典範。

日神衝動既為製造幻覺的強迫性衝動，就具有非理性性質。有人認為日神象徵理性，乃是一種誤解。其實，尼采在《悲劇的誕生》中批評歐里庇得斯的「理解然後美」的原則，指責他以冷靜的思考取代日神的直觀，業已與這種誤解劃清界線。我們應記住，尼采始終視理性為扼殺本能的力量，譴責蘇格拉底、柏拉圖的理性哲學扼殺了希臘人的藝術本能——包括酒神衝動和日神衝動。

酒神象徵情緒的放縱。尼采說：酒神狀態是「整個情緒系統激動亢奮」，是「情緒的總激發和總釋放」（《偶像的黃昏》：〈一個不合時宜者的漫遊〉第10節）；在酒神狀態中，藝術「作為驅向放縱之迫力」支配著人（《權力意志》第798節）。不過，酒神情緒並非一般情緒，而是一種具有形而上深度的悲劇性情緒。酒神的象徵

來自希臘酒神祭，在此種祕儀上，人們打破一切禁忌，狂飲濫醉，放縱性慾。

尼采認為，這是為了追求一種解除個體化束縛、復歸原始自然的體驗。對於個體來說，個體的解體是最高的痛苦，然而由這痛苦卻解除了一切痛苦的根源，獲得了與世界本體融合的最高的歡樂。

所以，酒神狀態是一種痛苦與狂喜交織的顛狂狀態。醉是日常生活中的酒神狀態。在藝術中，音樂是純粹的酒神藝術，悲劇和抒情詩求諸日神的形式，但在本質上也是酒神藝術，是世界本體情緒的表露。

總之，日神和酒神都植根於人的至深本能，前者是個體的人借外觀的幻覺自我肯定的衝動，後者是個體的人自我否定而復歸世界本體的衝動。在一定意義上，兩者的關係同弗洛伊德的生本能和死本能有相似之處，均屬非理性的領域。

二、藝術形而上學

尼采常常談到「審美形而上學」、「藝術形而上學」、「藝術家的形而上學」、「至深至廣形而上學意義上的藝術」，賦予藝術以形而上學的意義。藝術形而上學可以用兩個互相關聯的命題來表述：

「只有作為一種審美現象，人生和世界才顯得是有充足理由的。」（《悲劇的誕生》第24節）

「藝術是生命的最高使命和生命本來的形而上活動。」（《悲劇的誕生》前言）藝術形而上學的提出，基於人生和世界缺乏形而上意義的事實。叔本華認為，世界是盲目的意志，人生是這意志的現象，二者均無意義。他得出了否定世界和人生的悲觀結論。尼采承認世界和人生本無意義，但他不甘心悲觀厭世，為了肯定世界和人生，便訴諸藝術。

　　藝術形而上學由日神精神和酒神精神組成。日神和酒神是作為人生的兩位救世主登上尼采的美學舞台的。

　　日神精神教人停留在外觀，不去追究世界和人生的真相。這涉及到尼采的一個重要思想，即藝術與真理的對立。柏拉圖早已提出藝術與真理相對立的思想，但立足點與尼采相反。他認為，理念世界是真實的世界，是真理；現實世界不過是它的影子和模仿；藝術又是影子的影子，模仿的模仿。所以，他用真理來反對藝術。

　　尼采否認理念世界的存在，他認為，只有一個世界，即我們生活於其中的現實世界，它是永恆的生成變化。這個世界對於人來說是殘酷而無意義的，所以悲觀主義是真理。但是，真理並非最高的價值標準，藝術比真理更有價值。

　　為了生活，我們需要用藝術的「謊言」去掩蓋某些可怕的真理。「真理是醜的。我們有了藝術，依靠它我們就不致毀於真理。」（《權力意志》第822節）這正是藝術的「形而上的美化目的。」（《悲劇的誕生》第24節）

由此可見，從日神精神的角度看，藝術之具有形而上學意義，是在於它對生命的價值，藝術形而上學實質上是一種價值形而上學。

　　然而，這只是藝術形而上學的一個方面。形而上學是要探本溯源，追問本體；僅僅停留在外觀，未免有悖形而上學的本義。所以，藝術形而上學更重要的一個方面是酒神精神。

三、悲劇世界觀

　　日神經神沉湎於外觀的幻覺，反對追究本體，酒神精神卻要破除外觀的幻覺，與本體溝通融合。前者用美的面紗遮蓋人生的悲劇面目，後者揭開面紗，直視人生悲劇。前者教人不放棄人生的歡樂，後者教人不迴避人生的痛苦。前者執著人生，後者超脫人生。前者迷戀瞬時，後者嚮往永恆。與日神精神相比，酒神精神更具形而上學性質，且有濃郁的悲劇色彩。

　　外觀的幻覺一旦破除，世界和人生露出了可怕的真相，如何再肯定人生呢？這正是酒神精神要解決的問題。

　　尼采從分析悲劇藝術入手。悲劇把個體的痛苦和毀滅演給人看，卻使人生出快感，這快感從何而來？叔本華說，悲劇快感是認識到生命意志的虛幻性而產生的聽天由命感。尼采提出「形而上的慰藉」說來解釋：悲劇「用一種形而上的慰藉來解脫我們：不管現象如何變化，事物基

礎中的生命仍是堅不可摧的和充滿歡樂的。」看悲劇時，「一種形而上的慰藉使我們暫時逃脫世態變遷的紛擾。我們在短促的瞬間真的成為原始生靈本身，感覺到它的不可遏止的生存慾望和生存快樂。」（《悲劇的誕生》第7、17節）

也就是說，通過個體的毀滅，我們反而感覺到世界生命意志的豐盈和不可毀滅，於是生出快感。從「聽天由命」說到「形而上的慰藉」說，作為本體的生命意志的性質變了，由盲目掙扎的消極力量變成了生生不息的創造力量。但是，尼采曾指責亞里斯多德的「淨化」說等等是對悲劇快感的非審美說明，並要求在純粹審美領域內尋找悲劇特有的快感。那麼，「形而上的慰藉」如何成其為一種審美說明呢？

尼采的辦法是把悲劇所顯示給我們的那個本體世界藝術化，用審美的眼光來看本無意義的世界永恆生成變化過程，賦予它一種審美的意義。

世界不斷創造又毀掉個體生命，乃是「意志在其永遠洋溢的快樂中借以自娛的一種審美遊戲」，我們不妨把世界看作「酒神的宇宙藝術家」或「世界原始藝術家」（《悲劇的誕生》第1、5、24節），站在他的立場上來看待自己的痛苦和毀滅，這樣，現實的苦難就化作了審美的快樂，人生的悲劇就化作了世界的喜劇。

尼采認為，如此達到的對人生的肯定乃是最高的肯定，而悲劇則是「肯定人生的最高藝術」（《瞧！這個

人》：〈悲劇的誕生〉第4節）。肯定生命，連同它必然包含的痛苦和毀滅，與痛苦相嬉戲，從人生的悲劇性中獲得審美快感，這就是尼采由悲劇藝術引伸出來的悲劇世界觀，也正是酒神精神的要義。

無論怎樣審美化，「形而上的慰藉」畢竟有宗教氣，後來，尼采要求把它連同一切形而上學當作浪漫病拋掉，轉而主張「塵世的慰藉」（《自我批判的嘗試》第7節）。這表明了他在為人生尋找形而上學根據問題上的困境。

四、審美的人生

關於《悲劇的誕生》的主旨，尼采後來一再點明，是在於為人生創造一種純粹審美的評價，審美價值是該書承認的唯一價值，「全然非思辨、非道德的藝術家之神」是該書承認的唯一的「神」。他還明確指出，人生的審美評價是與人生的宗教、道德評價以及科學評價根本對立的。（參看《自我批判的嘗試》第5節；《瞧！這個人》：〈悲劇的誕生〉第1節）。

尼采後來提出「重估一切價值」，其實，「重估」的思想早已蘊含在他早期的美學理論中了。當時他就宣告：「我們今日稱作文化、教育、文明的一切，終有一天要帶到公正的法官酒神面前。」（《悲劇的誕生》第19節）

後來又指出：「我們的宗教、道德和哲學是人的頹廢

形式。相反的運動：藝術。」（《權力意志》第794節）可見，「重估」的標準是廣義藝術，其實質是以審美的人生態度反對倫理的人生態度和功利（科學）的人生態度。

重估一切價值，重點在批判基督教道德，審美的人生態度首先是一種非倫理的人生態度。生命本身是非道德的，萬物都屬於永恆生成著的自然之「全」，無善惡可言。基督教對生命作倫理評價，視生命本能為罪惡，其結果是造成普遍的罪惡感和自我壓抑。審美的人生要求我們擺脫這種罪惡感，超於善惡之外，享受心靈的自由和生命的歡樂。

其次，審美的人生態度又是一種非科學、非功利的人生態度。科學精神實質上是功利主義，它旨在人類物質利益的增值，浮在人生的表面，迴避人生的根本問題。尼采認為，科學精神是一種淺薄的樂觀主義，避而不看人生的悲劇面目，因而與悲劇世界觀正相反對。科學精神惡性發展的後果，便是現代人喪失人生根基、靈魂空虛，無家可歸，惶惶不可終日。

尼采不否認道德和科學在人類實際事物中的作用，它反對的是用它們來指導人生。人生本無形而上的根據，科學故意迴避這一點，道德企圖冒充這種根據而結果是否定人生。所以，如果一定要替人生尋找形而上的根據，不如選擇藝術。審美的意義是人生所能獲得的最好的意義。

有一個時期，尼采受實證主義影響，表現出揚科學抑藝術的傾向（參看《出自藝術家和作家的靈魂》）。事

實上，在此前後，尼采對於藝術能否賦予人生以根本意義始終是心存懷疑的。他一再談到藝術是「謊言」，詩人說謊太多，他厭倦了詩人。但是，問題在於：「倘若人不也是詩人、猜謎者、偶然的拯救者，我如何能忍受做人！」（《查拉圖斯特拉如是說》：〈拯救〉）所以他不得不求諸藝術。

日神精神的台詞是：就算人生是個夢，我們要有滋有味地做這個夢，不要失掉了夢的情致和樂趣。酒神精神的台詞是：就算人生是幕悲劇，我們要有聲有色地演這幕悲劇，不要失掉了悲劇的壯麗和快感。這就是尼采所提倡的審美人生態度的真實含意。

五、醉與權力意志

尼采早期沿用叔本華的「生命意志」概念指稱他心目中的本體世界——那個永恆的生成變化過程，但在理解上與叔本華比較已有積極與消極之別。後來，為了與叔本華的悲觀哲學劃清界線，易名為「權力意志」。「權力意志」實際上就是用酒神精神改造過的「生命意志」，強調自然界中生命的豐盈、過剩，世界不是一個萬物求生存的消極過程，而是一個萬物求生命力擴展的積極過程。

「權力意志」說提出後，尼采在美學中愈來愈把各類審美現象與生命力的強度聯繫起來，在主張審美的人生態度時更加強調人生的力度了。

在尼采後期美學中，「醉」是一個關鍵概念。以前，醉只是酒神狀態的別名。現在，尼采明確地把日神狀態和酒神狀態都歸結為醉，視為醉的不同類別，確認醉是一切審美行為的心理前提，是最基本的審美情緒。

而醉的本質是「力的過剩」，是「力的提高和充溢之感」，是「高度的力感」。（參看《偶像的黃昏》：〈一個不合時宜者的漫遊〉第8、10節）；《權力意志》第800、811節。）由生命力高漲洋溢的醉產生出種種審美狀態。

日神的美感是把生命力的豐盈投射到事物上的結果。酒神的悲劇快感更是強大的生命力敢於與痛苦和災難相抗衡的一種勝利感。藝術是改變事物、借事物來反映自身生命力的豐盈的衝動。藝術家都是一些生命力極其旺盛的人，受內在豐盈的逼迫，不得不給予。相反，生命力衰竭的人絕無美感，與藝術無緣。

尼采得出結論：「『美』的判斷是否成立和緣何成立，這是「一個人或一個民族的力量的問題。」（《權力意志》第852節）所以，一個人能否對人生持審美的態度，是肯定人生還是否定人生，歸結到底取決於內在生命力的強弱盛衰。

六、藝術生理學

尼采在《尼采反對華格納》一書中寫道：「當然，美

學不是別的，而是應用生理學。」他還曾手擬一個題為「藝術生理學」的十八條提綱，準備在《權力意志》中以專門章節論述這個問題。這項計畫未能實現。不過，「藝術生理學」的思想仍可散見於他後期的著作及他妹妹整理的《權力意志》中。

值得注意的是以下幾點——

第一、肉體的活力是藝術的原動力，審美狀態有賴於肉體的活力。

第二、在肉體的活力中，性慾的力量又占首位。醉在兩性動情時期最為強烈。性愛一方面始愛者更有力，另一方面把被愛者美化、理想化。美的生物學目的就是刺激生殖。大藝術家必是性慾旺盛的人。歷史上藝術繁榮的時代植根於性興趣的土壤。一個人在藝術創作中和在性行為中消耗的力量是同一種力，所以藝術家應當保持相對的貞潔，以節省精力。

第三、審美價值立足於生物學價值。人出於至深的族類本能對提高族類生命力的對象做出「美」的判斷，對壓抑族類生命力的對象作出「醜」的判斷。所以，審美判斷是廣義生物學性質的價值判斷。

第四、藝術病理學問題。「天才＝神經病。」藝術家是神經官能症患者。不過有兩種情況：一種是由於力的過剩而造成的「健康的神經官能症」，如希臘悲劇家；一種是由於力的衰竭而造成的病態的精神官能症，如德國的浪漫悲觀主義者。

七、美與美感

什麼是美？尼采的理解，除前述「外觀的幻覺」說和「生命力的豐盈在對象上的投射」說之外，還有以下幾點值得注意的說法——

第一、美是人的自我肯定，根本不存在「自在之美」。「『自在之美』純粹是一句空話，從來不是一個概念。在美之中，人把自己樹為完美的尺度，在精選的場合，他在美之中崇拜自己。一個物種捨此便不能自我肯定……人相信世界本身充斥著美，——他忘了自己是美的原因……歸根到底，人把自己映照在事物裡，他又把一切反映他的形象的事物認作美的：『美』的判斷是他的族類虛榮心……人把世界人化了，僅此而已。」（《偶像的黃昏》：〈一個不合時宜者的漫遊〉第19節）人不但是唯一的審美主體，而且歸根到底是唯一的審美對象。

「沒有什麼是美的，只是人是美的：在這一簡單的真理上建立了全部美學，它是美學的第一真理。我們立刻補上美學的第二真理：沒有什麼比衰退的人更醜了，——審美判斷的領域就此被限定了。」（同上的20節）

第二、美是強烈欲求之所繫。尼采認為，自康德以來，一切美學理論都被「無利害關係」這個概念敗壞了。他厭惡所謂「無欲的靜觀」，而主張：「美在哪裡？在我須以全意志意欲的地方；在我願意愛和死，使意象不只保持為意象的地方。愛和死：永遠一致。求愛的意志：這也

就是甘願赴死。」（《查拉圖斯特拉如是説》：〈純潔的知識〉）

第三、美是強力的形象顯現。「當強力變得仁慈並下降為可見之時，我稱這樣的下降為美。」（《查拉圖斯特拉如是説》：〈高超的人〉）

尼采對美感心理主要有以下幾種分析——

第一、聯想説。美的判斷「賦予那個激發它的對象以一種魔力，這種魔力是以各個美的判斷之間的聯想為條件的，卻與那個對象的本質完全無關。」（《權力意志》第804節）把一個對象感受為美的，是因為這個對象激活了主體無意識中對以往種種美好體驗的回憶，所有這些體驗相互激勵，集結在這個對象周圍了。

所以，美感是以無意識聯想為基礎的一種錯覺。

第二、動物性快感混合説。我們身上存在著性衝動、醉、殘酷等動物性快感狀態，當一個對象激起這些快感狀態所寓區域的興奮之時，「動物性的快感和慾望的這些極其精妙的細微差別的混合就是審美狀態。」（《權力意志》第801節）

第三、同感説。在遠古時代，人受恐懼的訓練，在一切陌生者身上看到危險，於是學會了在心中迅速領悟和模仿對方感情的本領，則學會了同感。人甚至把這種看法從人、動物推廣到了自然事物，以為一切運動和線條能蘊含著意圖。由恐懼而練習同感，由同感而產生了各種類型的美感，包括對自然的美感。（參看《曙光》第142節）此

說相當於移情說，不過尼采指出了移情起源於原始人的恐懼。

第四、距離說。美感有賴於一定的時間或時間距離。

八、華格納與現代文化

尼采與比他年長三十一歲的德國音樂家華格納有過一段十分親密的交往，不過好景不長。儘管尼采後來無限懷念他生涯中的這一頁，但應該說是他主動同華格納決裂的。決裂有深刻的思想原因。此後，他幾乎在每部著作裡都要批判華格納，在精神失常前夕又發表了兩本專門批判華格納的小冊子——《華格納事件》和《尼采反對華格納》。華格納成了他批判現代文化的靶子。用尼采自己的話說，華格納是他解剖現代病患的「難得的案例」。

在《悲劇的誕生》中，尼采已經開始了他對現代文化的批判，指出：由於悲劇精神的淪亡，現代人已經遠離人生的根本，貪得無厭，飢不擇食的求知慾和世俗傾向恰恰暴露了內在的貧乏。當時，他把時代得救的希望寄託在悲劇文化的復興上，又把悲劇復興的希望寄託在華格納的音樂上。

在《華格納在拜洛伊特》中，尼采進一步開展對現代文化的批判。要害仍是內在的貧乏和枯竭，因此而有現代文化的兩個特徵。

一方面，現代人用五光十色的昔日文化碎片掩蓋自己

的貧乏和枯竭，造成虛假的繁榮，尼采形象地誓之為「一件披在凍餒裸體上的襤褸彩衣」，並且指出：「現代人的形象已經成為徹頭徹尾的假象……他毋寧說是隱藏在他現在扮演的角色裡」，現代文化成了「隱藏自己的做戲藝術」。另一方面，現代人因為枯竭麻木而尋求刺激，藝術成了製造人為亢奮的手段，藝術家「率領著浩浩蕩蕩的激情，如同率領著狂吠的狗群，按照現代人的要求放開它們，讓它們像現代人撲去。」

值得注意的是，這篇文章儘管是對華格納的讚辭，卻已包含了對華格納的實質性批評。正是尼采最厭惡的現代文化的兩個特徵，華格納都沾上了：做戲和激情。尼采一再談到：華格納的生活充滿「戲劇性因素」、「喜劇色彩」，他一生的主導思想是劇場效果至上；有意識的激情支配著華格納並且囊括了他的整個天性。

尼采的結論是：華格納不是未來的預言者，而是過去的闡釋者。顯然，他已經不再把文化復興的希望寄託在華格納身上。

隨著尼采對現代文化的批判日益深入，他批評華格納的調子也愈來愈明朗，愈來愈高昂。他認為，現代文化的癥結在於生命本能的衰竭，他名之為「頹廢」。頹廢是一種「現代衰弱症」。在現代商業社會中，人們生活得極其匆忙，精疲力竭，神經麻木，內裡空虛。衰竭者需要從現代文化中獲得三重滿足：刺激（或麻醉）神經、自欺欺人、宗教解脫。

現代文化的這三個主要特徵集中體現在浪漫主義藝術、尤其是華格納的戲劇中了。尼采自己是一個有濃烈浪漫氣質的人，但他攻擊最猛的恰是浪漫主義，首先是叔本華、華格納的「浪漫悲觀主義」。如他所說，他自己也是這個時代的產兒，是一個「頹廢者」，他對華格納的批判乃是一種「自我克服」。

尼采對華格納和浪漫主義的批判是從以下幾個方面展開的（參看《快樂的科學》、《華格納事件》、《作為藝術的權力意志》）——

第一、浪漫主義的基本標誌是：內在的匱乏而非過剩在從事創造。由於內在的匱乏，它好作「虛假的強化」，肆意渲染激情，偏愛刺激性題材，好新驚奇，追求異國情調，對神經「施暴政」，使麻醉劑和鴉片在藝術中占優勢。這是一種病態的藝術。華格納的音樂劇尤其表露了這種病象；他有痙攣的激情，過度亢奮的敏感，要求愈來愈刺激的佐料的趣味；他的主人翁都是歇斯底里患者；他用來製造效果的手段與催眠術無異。華格納是「一個典型的頹廢者」，「一個神經官能症患者」，他集中體現了時代病。

第二、浪漫主義的激情是靈魂的喬裝和作假，誇大其辭，虛張聲勢。這種做作的戲子作風在華格納身上達於登峰造極。華格納是「史無前例的最狂熱的戲子」、「最大的戲子」、「無與倫比的演員」，他把音樂變成了強化表情姿勢的手段，變成了「戲劇的奴婢」。尼采及其蔑視戲

劇和劇場，他認為劇場是藝術的下乘，是為群眾製造的東西，在劇場裡，人不再是個人，成了民眾、畜群，喪失了個人的良好趣味。現代的「劇場迷信」恰好表明了現代人的精神空虛和沒有個性。

第三、藝術應當是以感激和愛為源泉的「神化的藝術」，是對生命的肯定。然後，浪漫悲觀主義藝術卻表現了「沉重受難者的施虐意志」，用自己受折磨的印象來壓迫、限制和烙燙萬物，「向萬物報復」。浪漫主義藝術是「對現實不滿的產物」，因不滿而把目光投向過去，投向彼岸。浪漫主義藝術家是半牧師、半精神病醫生式的人物，迎合了現代人尋求麻醉和解脫的雙重需要。華格納戲劇的主題是「拯救」，證明他也皈依了基督教。

第四、古典風格的寧靜、單純、簡潔、凝煉是高度力感的表現，善於支配表面上對立的才能和慾望，賦予形式。相反，華格納的音樂是「無形式的東西」，追求音色的華麗和強烈，音調的象徵和暗示意義，使官能在音樂中占了支配地位。他的華美耀眼的風格乃是風格的瓦解，他的戲劇音樂乃是用戲劇歪曲音樂，根本放棄風格。

九、音樂與詩

尼采對於藝術的各個種類，包括音樂、繪畫、雕塑、詩、散文、戲劇、建築等，均有論述。作為一位擅長音樂和詩的哲學家，他對音樂和詩的見解特別值得我們注意。

尼采早期從叔本華的音樂觀出發，認為音樂是純粹的酒神藝術，是「世界意志的一面普遍鏡子」，直接表現了世界的原始情緒。音樂整個就是情緒，絲毫不沾染形象。但是，音樂是有喚起形象的能力。悲劇是音樂情緒的形象顯現。民歌和抒情詩是語言對於音樂的模仿。即使日神藝術，包括希臘雕塑和荷馬史詩，在某種意義上也是對由音樂情緒喚起的形象的描繪。所以，音樂是本原性的藝術，在一切藝術類別中處於中心地位。

後來，當尼采對形而上學包括藝術形而上學持懷疑態度的時候，他曾經否認音樂的形而上學意義，認為音樂並不表達「意志」、「自在之物」，這種意義是理智置入音樂中的。不過，尼采始終把音樂看作最有哲學深度的藝術：「可曾有人發現，音樂解放精神，為思想天上雙翼？一個人愈是音樂家，就愈是哲學家？——抽象概念的灰色倉穹如同被閃電劃破；電光明亮足以使萬物纖毫畢露；偉大的問題伸手可觸；宛如凌絕頂而世界一覽無遺。」（《華格納事件》：〈一八八八年杜林通信〉第1節）並且，他還堅持認為音樂僅僅關涉情緒，是一個完滿得多的情緒表現世界——酒神頌戲劇——的遺跡，在酒神頌戲劇中，戲劇、舞蹈、音樂、抒情詩原是一體，後來才逐漸專門化和分化。

尼采少年時代酷愛德國古典音樂，青年時代一度喜歡華格納，後來則傾心於比才。他對音樂的要求是，輕盈、明朗、溫柔，令人偏偏欲舞，對全身心起舒展作用。

關於詩，尼采有以下見解值得重視——

第一、詩與神話的聯繫。神話是詩的理想故土，由於科學精神毀滅了神話，詩已經無家可歸。詩人之為詩人，就在於他看到自己被形象圍繞著，他直接看到「事實的因果關係」，而不是「邏輯的因果關係」。神話就是這樣一種形象思維方式。在神話中，語言處於原始狀態，它不是概念，而是詩、形象和情感。由於抽象思維的發展，語言生病了，不再能質樸地表達情感。人成了詞的奴隸，不再能樸素地說話，喪失了正確的感覺。出路是回到語言的原始狀態，神話式地思考。

第二、詩的起源。詩起源於原始巫術，巫歌、符咒、神諭是詩的原始型態。原始人把節律置入言語，是為了一種迷信的功用：借節律的魔力強迫神鬼聽從人的意志，為人謀利，或釋放憤怒，歸於寧靜，使人類也得安寧。

第三、詩的「客觀性」。詩要排除純粹個人的願望、情緒。抒情詩人的「自我」不是經驗的「小我」，而是本體的「大我」，它從存在的深淵裡呼叫，象徵性地表達了世界的原始情緒。

十、藝術家及其創作

尼采關於藝術家及其創作過程的順路頗多，擇其要者闡述如下——

第一、關於天才。一方面，尼采始終反對「天才迷

信」，指出：在藝術創作活動中不存在「奇蹟」，天才都是「偉大的工作者」，不斷地創造，也不斷地拋棄、審視、修改和整理。普通人在已經完成的藝術品上看不出艱難的製作過程，於是嘆為奇蹟。另一方面，尼采又承認天才的某種神祕性，認為天才與世界本體之間有一種溝通，是「自我與非自我之間的一座橋樑」（《華格納在拜洛伊特》第6節），天才的痛苦是「一種非個人的、超個人的、面向一切民族、人類、全部文化以及一切受苦之存在的感覺。（《富於人性，太富於人性》第157節）。當然，這兩方面未必矛盾，後者講天才具有獨特的感受，前者講天才表達這種感受即從事創作同樣要付出艱苦的努力。

第二、關於靈感。也是兩方面。一方面，靈感同樣不是「奇蹟」，而是有長期的內心工作的準備的，它是創造力長期被堵塞之後的突然奔瀉。（參看《富於人性，太富於人性》第156節）另一方面，靈感襲來之時，有某種神祕之感：「使一個人深深震撼顫慄的某種東西，突然以一種不可言說的準確和精細變得可見可聞」；思想以不容選擇的必然性獲得形式，「一種都以最迅速、最正確、最單純的表達方法呈現自己」，「一切存在的語言和語言寶庫向你突然打開」。（《瞧！這個人》：〈查拉圖斯特如是說〉第3節）

第三、關於形式和風格。尼采認為，藝術在本質上只是向他人傳達感受的能力，而這種能力就表現在為一定的

感受（內容）尋找適當的形式，因此，形式對於藝術家具有頭等重要的意義。「只有當一個人把一切非藝術家看作『形式』的東西感受為內容、為『事物本身』的時候，才是藝術家。如此他當然就屬於一個顛倒的世界，因為從今以後內容被看成了純粹形式的東西，我們的生命也算在內。」（《權力意志》第818節）

形式絕非隨意的，而是一種必然的形式。獨特形式與獨特內容的一致便形成風格。「一種風格若能真實地傳達內在狀態，不錯用符號、符號的節拍以及表情（一切修辭都是表情的技巧），便是好的風格。」（《瞧！這個人》：〈我為何寫出如此傑作〉第4節）尼采歷來以他的風格自豪，他確實對格言和警句的形式下了千錘百煉的功夫，形成了他的獨特風格。

第四、關於藝術創作與藝術批評。尼采認為，藝術家與批評家是資質相反的兩種類型，前者從事創造，後者從事接受。這相當於兩性分工。藝術家的創造力與判斷力互相背離，往往誤解自己的作品。然而，「沒有能力作批評家，這是藝術家的榮幸」，因為要藝術家具備批評家的眼光，就等於要他使自己的創造力枯竭。（參看《快樂的科學》第369節；《權力意志》第811節）在尼采看來，理性的批評力必然損害感性的創造力，而創造比批評要有價值得多。

照片所顯示的

尼采小傳

1・父與母

父卡爾・魯多威熙在尼采五歲時死亡。

母法蘭西絲卡（一八二六～一八九七年）在尼采死前三年過世。

2・尼采生長的家（次頁上）

「反基督者」尼采生於這棟牧師公館，時為一八四四年十月十五日，場所為來比錫近郊的洛健（Rocken）村莊。尼采之父卡爾・魯多威熙為該村牧師，受到普魯士王威廉四世的庇護。因為尼采的生日跟國王同一天，是故，尼采被取名為——弗烈特李希（愛稱：弗立茲）・威廉・尼采。

3．6歲時的筆跡（下）

當尼采的母親帶伊莉莎白（尼采之妹）歸寧時，在藍姆堡看家的尼采（當時為小學生）給母親寫了一封信：

「親愛的母親——您的兒子尼采很想見您。因為您不在家，兒子只能寫信問候您。您做的蘋果派很好吃。謝謝您！

兒子一直很想母親及伊莉莎白妹妹。可是我無法再繼續寫下去了，因為我好疲倦。

您忠實的兒子——弗立茲・尼采」

4．16歲時的尼采

這張照片是尼采上著名的普爾達高中時拍攝的。詩人歌德也是此校畢業生。

這所高中有一首自我標榜的詩：「年輕人哪！都來寧靜的校園學習吧！它會使你成為勤奮且前途無量的人。讓我們打開通往燦爛之未來的門扉吧！」

5‧青年時代的尼采（左）

6‧19歲在普爾達高中時，尼采自傳的最後一頁
（右）

這六年來，我還沒有完全修完。可是，這個時代的成
果等於完全收到了……

到此地步，不管是悲、是喜，對於一切遭遇，我都能
夠以感謝的心回顧。這個時代的成果，彷彿是大人牽著孩
子的手，一直引導著我。

如今，我必須自己主動掌握一切，進入實際的生活。

從此，尼采掙脫出所有困擾他的羈絆，一天比一天成
熟。他沒有粉碎桎梏的必要。如果神下命令的話，它就會
立刻掉下來。那麼，最後包圍他的圈子又在哪兒呢？是世
界嗎？還是神？

F‧W‧尼采

一八六三年九月十八日

7・大學時代尼采作曲的樂譜

以撰寫《出賣影子的男子》（《彼得・修力米爾奇譚》）而聲名大噪的協密索曾經寫了一首歌〈孩童靠在熄滅的蠟燭邊歌唱〉。這首歌的曲就是尼采譜上去的。

從普爾達高中到大學時代，尼采不停地作曲，對音樂懷著無比的熱心。跟華格納的邂逅，更使他對音樂加深了興趣。

尼采喜歡即興的鋼琴彈奏。這種習慣一直維持到他的晚年。根據魯・安多列斯・莎樂美的詩〈寄情於苦惱〉，尼采譜了一首曲子，名叫〈對生命的讚歌〉。這也是他作為音樂家的代表性作品。

8・穿軍服的尼采

　　23歲時，尼采自願進入藍姆堡的砲兵連隊，去當了一年的砲兵。一八七〇年普法戰爭爆發，他雖然是中立國瑞士的巴塞爾大學教授，但他志願去當一名看護兵，在野戰醫院工作。一八七三年秋天，他在日記中這麼寫：「我的出發點是普魯士的兵士。」在自傳《瞧這個人》中，他如此寫道：「我既然是不折不扣的老砲兵，當然能夠輕而易舉地在華格納面前展開一場砲兵分列式。關於這一點，諒必沒有人會懷疑。」

9・巴塞爾大學教授時代的尼采（左）

尼采畢業於萊比錫大學以後，以24歲的年紀當上巴塞爾大學教授，先後達十年之久（一八六九～一八七九年）。

10・巴塞爾的公寓（右）

尼采任巴塞爾大學教授期間，與同事迪奧佛茵保居住於這棟公寓達五年之久。

此公寓在Schützengrahen鎮45號（現改為47號），屋主為包曼。是故，他倆戲稱此公寓為「包曼的洞窟」。

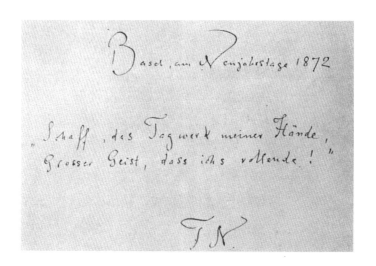

11. 歌德之詩被寫入《悲劇之誕生》

（巴塞爾，一八七二年元旦）

偉大的精靈啊！

請保佑我每天的辛苦有所成就吧！

28歲時，尼采寫在自己專用的簿本上撰寫《悲劇的誕生》時，把歌德的詩寫了進去。這首詩是歌德於魏瑪生活的最初一段時間，某日在庭園種樹時，對著樹木喃喃吟出——「請保佑我每天的辛勤能夠僥倖地有所成就吧！」尼采把這首詩的最初兩行稍加修改，再派上用場。

12・《曙光》的草稿（左）

曙光

有關道德偏見的思想

弗烈特李希・尼采著

還未放光

有極多曙光──李克威達

附序文的新版萊比錫E・W

佛利傑出版社一八八七年

13・反時代的鬥士尼采（右）

一八七四年左右，尼采在《反時代的考察》中把神聖的憤怒如熔岩似地噴發出來。

14・近視眼的尼采

這張照片跟〈穿軍服的尼采〉一樣，在一八六八年拍攝。雖然那一年尼采只有24歲，卻予人一種老成的印象。或許，那是深度的近視所使然。他自己在寫給友人的信中也說：「我等於四分之三的瞎子。」在書店，他必須把書本拿到眼前，方能看到標題。

15・戀愛默生《隨筆》德文譯本的扉頁文字

「對於痛苦的忍耐力，乃是保存生命的一根支柱，也是生存的一種保證。正因如此，痛苦才一直被維持到今日。簡單地說——痛苦跟快感一樣，都對我們有益！不過，對於悲觀主義者為了證明他們的想法正當，教別人接受苦痛為悲慘之事，我往往一笑置之……

16‧尼采的草稿

這是《歡悅的知識》第五卷‧時代（一八八六年）的
遺稿，收錄於他妹妹編寫的《尼采全集》十四卷二十一
頁。

17‧尼采使用過的打字機（右上）

18‧哲人尼采（右下）

　　一八八二年，寫完《歡悅的知識》，正醞釀撰寫《查拉圖斯特拉》的尼采。

19‧〈獻給大家不知道的神〉（左）

20‧西魯斯‧瑪莉亞的尼采之家

「西魯斯‧瑪莉亞」是位於瑞士奧貝爾茵卡丁的一個寒村。雖說是「尼采之家」，但尼采畢生漂泊，根本就不曾有過「家」。只不過，他時常下榻於此屋。晚年的尼采，每年夏天幾乎都在此屋度過。因此，這兒被稱為「尼采之家」。《查拉圖斯特拉》第二部就在此屋完成，前後不過耗費了十天。

赫塞如此形容這棟房子：「那棟房子緊貼著岩壁，多少帶著陰晦之氣。尼采來茵卡丁時，都下榻於此屋。」

最近，此屋曾被拍賣。一些感到可惜的人創立了「尼采之家保存會」，呼籲社會大眾捐款。保存會的成員在此屋入口處釘下一塊告示板，上面寫有尼采在此屋所創作的《schut und sann》。誰知惡作劇的人把它改成「schliet und sang」，意思是「睡著歌唱」。

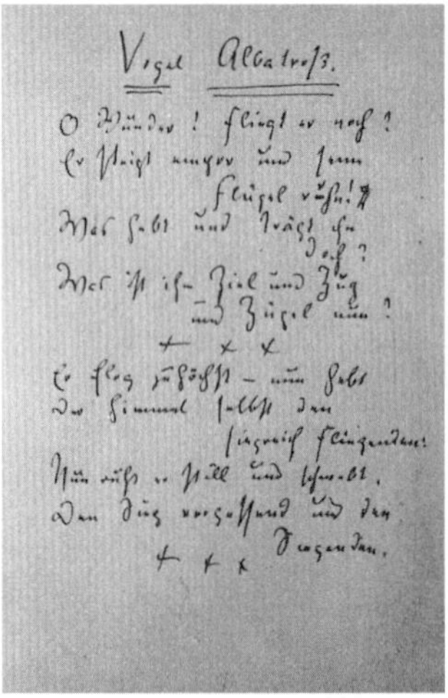

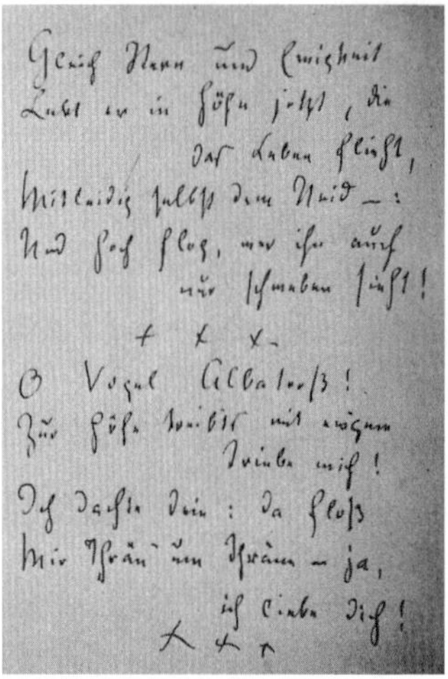

21・詩〈信天翁〉的草稿（《歡悅的知識》附錄〈福凱爾弗來王子之歌〉中，詩〈愛之告白〉的草稿）

〔譯稿見次頁〕

〈信天翁〉

噢，真是不可思議！牠仍然在飛翔嗎？

牠上升到很高的天空，但牠的翅膀並沒有拍動！

是什麼東西使牠高高飛起，支撐著牠？

如今對牠來說，目標、飛翔，以及束縛，又算什麼？

牠已經上升到自己能飛到的極限——如今，

支撐著這個飛翔勝利者的是——碧藍的天空。

現在，牠靜靜地休息，任意隨風飄動。

牠忘了勝利，也忘了勝利者。

恰如星星一般，也像永恆一樣，

牠現在活在生命無法抵達的高處，

看得人又嫉妒又愛憐。

看起來像在飄流，實際上，

牠是飛翔於高空！

噢……信天翁！

永遠的衝動也會使我奔到高處。

想到你，

眼淚就像斷了線的珍珠流洩。

哦……

我愛你！

22・奧貝爾茵卡丁的景色

　　眼前的湖泊為希爾伐布拉納湖，對面的湖為希魯斯・瑪莉亞湖。一提起孤高者尼采，他的伴侶當以「山」最為合適。然而，並非死的「山」，而是附帶著「翯翯雙瞳」之山（即附帶著湖泊之意）。同時，此地也標誌著「查拉圖斯特拉」的成立史。他如此寫道：「現在，我就要開始講述查拉圖斯特拉的歷史。」號稱永恆回歸之思想的這部作品，其基本概念於一八八一年八月受胎。

23・查拉圖斯特拉的岩石

他還附記——這個思想,「使人與時間相隔六千呎。那一天,我沿著希爾伐布拉納湖,在森林中散步。走到離『史魯萊』(照片中央,兩湖邊界)不遠處的金字塔型岩石旁,我頓時停止腳步。就在此時,這種思潮湧入我的腦海。」

24・查拉圖斯特拉時代的信件

這是一八八三年二月寄給貝德爾・卡斯多的信件：

「這本書我將使用如下的標題——『查拉圖斯特拉如是說。這本書並非為了千萬人，或是為某人而寫。Ｆ・Ｎ著』。不久，在德國境內，我將被當成狂人。那將是一種類似怪誕的『道德論述』」

25・署名「被釘在十字架上的人」的尼采最後之信件

寫給樂匠比耶多洛：

為我唱首新歌吧！如此，世界會充滿光輝，

所有的天空會充斥著喜悅

這是音樂家彼德・卡斯特（Peter Cast）收到的尼采最後一封信。遺憾的是，「被釘在十字架上的人」的署名部分被削除掉。郵戳顯示，這封信是於一八八九年一月四日，從多利諾寄出。在橫面24公分、縱面16公分的白紙上面，寫著13～16毫米的大字，小字也達3～7毫米大小，已經明顯地顯現出尼采精神錯亂的徵候。

26・由母親照顧的狂人尼采

　　這一張是在一八九二年拍攝的照片（尼采於一八八九年開始精神錯亂）。「媽媽，說真的，您的老孩子已經變成了人人害怕的著名動物……」接到這封信不到十天，尼采之母法蘭西絲卡看到已不復舊觀的兒子，心如刀割。法蘭西絲卡於24歲就成了未亡人（那時，尼采只有５歲），她以一雙纖弱的手撫養尼采與女兒伊莉莎白（一八四六～一九三五年）長大成人。遺憾的是：這對子女都生性固執、倔強，把母親的教導當成耳邊風。兒子到了五十多歲時發狂，由她照料。修帝芬・翠克為法蘭西絲卡大抱不平，特別撰寫《『多哀愁的母親』——用來形容聖母瑪莉亞的一句話》一文，歌頌這位偉大的母親。

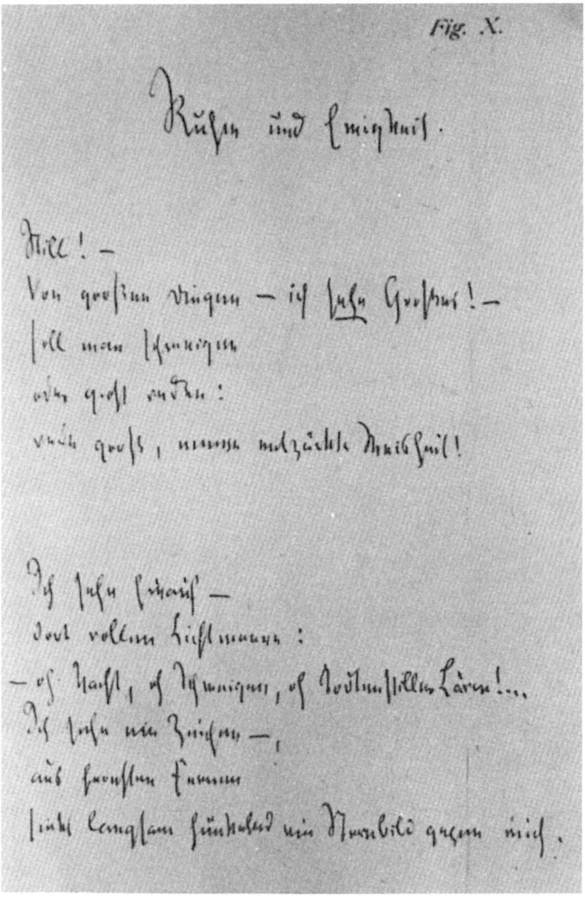
Fig. X.

Ruhm und Ewigkeit.

Still! —
Von grossen Dingen — ich sehe Grosses! —
soll man schweigen
oder gross reden:
rede gross, meine entzückte Weisheit!

Ich sehe hinauf —
dort rollen Lichtmeere:
— oh Nacht, oh Schweigen, oh todtenstiller Lärm!...
Ich sehe ein Zeichen —,
aus fernsten Fernen
sinkt langsam funkelnd ein Sternbild gegen mich.

27・尼采晚年還正常時的筆跡

〔譯稿見次頁〕

〈名聲與永遠〉

請肅靜！

為了說說偉大的事蹟——

我必須看看偉大的東西！

一個人不妨保持沈默，

或者偉大地談天論地。

偉大地談論一通吧，我那恍惚的智慧！

我抬頭往上瞧——

那兒有光之海在起伏波動。

噢……夜晚啊！噢……沈默啊！

噢……有如死一般寧靜的樹葉沙沙聲啊！

我看到一個信號——

從極遙遠的地方，

有一顆星星緩慢地發出閃光，

朝我落下。

28・猶如落日的尼采（漢斯・奧爾德教授畫）

　　狂人尼采接受了巴塞爾及伊耶納大學的精神科醫生治療之後，回到藍姆堡，由母親照顧。很不幸，尼采的母親法蘭西絲卡在一八九七年過世。為此，他被送到魏瑪的妹妹家。漢斯・奧爾德是魏瑪美術學校的校長，也是一名畫家。在尼采死前一年（一八九九年），他十分生動的畫下了這幅尼采像。

29・狂人尼采的筆跡

　　一八九一年六月二十九日，尼采的母親法蘭西絲卡寄了一封信給他的親友奧菲爾保，信末有狂人尼采的筆跡。那時，尼采發狂已經兩年半。是故，他親筆寫下的「你的朋友尼采內心感謝您，並問候您」幾個字顯得很潦草，如同小孩子剛學寫字似的。他的母親以娟秀的文字為兒子辯護：「諒必是鋼筆壞了。這孩子寫的字一向很漂亮。連他的妹妹都說：『哥哥寫的字又整齊又漂亮，好像印刷似的。』」

30・尼采之墓

　　尼采的先祖代代葬於故鄉洛健（Rocken）的教會附屬墓地。尼采在二十世紀第一年（一九〇〇年）八月二十五日死於魏瑪，八月二十八日被埋葬於這個墓地。大家遵從他生前的交待，並沒有請來牧師在墓前說教。

尼采簡略年譜

I 幼年期及青年期

一八四四年	十月十五日生於萊比錫附近小鎮的普魯士牧師家庭。
一八四六年	妹妹伊莉莎白誕生。
一八四九年	父親去世。
一八五八〜六四年	普爾達學校的學生。
一八六四〜六七年	波昂大學及萊比錫大學的學生。
一八六七〜六八年	到藍姆堡當砲兵。

II 大學教授時代

一八六九〜七九年	巴塞爾大學教授。
一八七〇年	普法戰爭發生。他去從軍,當一名看護兵。
一八七二年	《悲劇的誕生》。
一八七三年	《反時代的考察》第一篇。
一八七四年	《反時代的考察》第二、第三篇。
一八七六年	《反時代的考察》第四篇。
一八七八年	《人性的、太人性的》第一卷
一八七九年	辭掉巴塞爾大學教授的工作。

III 作家時代

一八七九年　　　《人性的、太人性的》第二卷‧第一部〈種種的意見及箴言〉。

一八八〇年　　　同上，第二卷‧第二部〈飄泊者與其影子〉。

一八八一年　　　《曙光》。

一八八二年　　　《歡悅的知識》第一～四卷。

一八八三年　　　《查拉圖斯特拉如是說》第一、第二部。

一八八四年　　　同上，第三部。

一八八五年　　　同上，第四部（一八九二年自費出版）。

一八八六年　　　《善惡的彼岸》、《歡悅的知識》第五卷。

一八八七年　　　《道德系譜》。

一八八八年　　　《華格納事件》、《偶像的黃昏》（一八八九年出版），《反基督》（一八九四年出版）、《瞧這個人》（一九〇八年出版），《尼采VS.華格納》（一八九五年出版）。

IV 發狂的時代

一八八九年　　　一月三日發狂。

一八九四年　　　妹妹著手《尼采全集》（十九卷）的
　　　　　　　　出版工作。

一八九七年　　　母親逝世。

一九〇〇年　　　八月二十五日在魏瑪逝世。

一九〇一年　　　《權力意志》（斷章的總數為
　　　　　　　　四八三）。

一九〇六年　　　《權力意志》（斷章的總數跟現行各
　　　　　　　　版相同，為一〇六七）。

一九三三年　　　基於原典批評、按年代編著的全集開
　　　　　　　　始出版。出版五卷著作、四卷信件
　　　　　　　　類，就此不再出版。

一九五六年　　　卡爾‧修列熙達編尼采全集（三
　　　　　　　　卷）。《權力意志》乃是尼采之妹及
　　　　　　　　貝達‧卡斯特所編。是故，以「八十
　　　　　　　　年代的遺稿」為題，重新編輯。至於
　　　　　　　　《反基督》這本書，在尼采之妹編輯
　　　　　　　　時避諱的字，都全部被復原了。

國家圖書館出版品預行編目資料

尼采格言集，林郁主編，
　初版，新北市，新視野 New Vision，2019.08
　面；　　公分 --
　ISBN 978-986-97840-3-0（平裝）
1.尼采（Nietzsche, Friedrich Wilhelm, 1844-1900）
2.學術思想 3.格言

147.66　　　　　　　　　　　　108008963

尼采格言集

主　　編　林郁
出　　版　新視野 New Vision
製　　作　新潮社文化事業有限公司
　　　　　電話 02-8666-5711
　　　　　傳真 02-8666-5833
　　　　　E-mail：service@xcsbook.com.tw

印前作業　東豪印刷事業有限公司
印刷作業　福霖印刷有限公司

總 經 銷　聯合發行股份有限公司
　　　　　新北市新店區寶橋路 235 巷 6 弄 6 號 2F
　　　　　電話 02-2917-8022
　　　　　傳真 02-2915-6275

初版一刷　2019 年 09 月